Kleine Geschichte der Reformation in der Grafschaft Tecklenburg

Christof Spannhoff

Kleine Geschichte
der
Reformation
in der
Grafschaft Tecklenburg

herausgegeben vom

Heimatverein Lienen e.V.

Herstellung und Verlag: BoD-Books on Demand, Norderstedt
Dieses Buch wurde im On-Demand-Verfahren hergestellt.

ISBN   978-3-7448-8255-2

Inhalt

Die ev. Stadtkirche in Tecklenburg

Vorbemerkungen

Die vorliegenden Beiträge sind größtenteils im Rahmen der Serie „Reformation im Tecklenburger Land" erschienen, die von August bis Oktober 2017 im Lokalteil (Tecklenburger Landbote) der Westfälischen Nachrichten veröffentlicht wurde. Hinzugefügt wurden der Reihe fünf weitere, bisher unveröffentlichte Beiträge zum Thema.

Für die Publikation wurden die Artikel um die notwendigen Quellen- und Literaturangaben ergänzt, die der besseren Lesbarkeit halber als Endnoten ausgeführt sind. Die Texte selbst, die sich an eine breite Leserschaft ohne spezielle Fachkenntnisse richten, wurden aber in ihrer publikumsorientierten Form belassen.

Inhaltliche Grundlage der Beiträge ist die Beschäftigung des Autors mit der Reformation in den Herrschaftsgebieten der Grafen von Tecklenburg im Zuge der Vorbereitung und Erarbeitung des Vortrags „Zwischen ‚reinem Evangelium' und Herrschaftsausbau. Die Einführung der Reformation in der Grafschaft Tecklenburg", den der Verfasser am 31. Oktober 2015 im Rahmen der Herbsttagung der Historischen Kommission für Westfalen „Reformation in Westfalen. ‚Langes' 15. Jahrhundert und Zäsur" in Lippstadt gehalten hat. Der Vortrag ist auch als Aufsatz in dem 2017 veröffentlichten Tagungsband erschienen.[1]

Die vorliegenden Ausführungen widmen sich vor allem der übergeordneten Frage, wie die Reformation ganz konkret in die Grafschaft Tecklenburg gelangte und welche Veränderungen dieser Prozess in der Region im 16. Jahrhundert zeitigte.

Dem Heimatverein Lienen e.V. ist für die Übernahme der Kosten der Drucklegung an dieser Stelle herzlich zu danken.

Dr. Christof Spannhoff

Was ist Reformation?

Reformation – was ist das eigentlich? Der Begriff selbst führt ein wenig in die Irre. Denn Reformation, abgeleitet vom lateinischen *reformatio*, bedeutet wörtlich ‚Wiederherstellung'. Zwar mögen die Reformatoren in der Auseinandersetzung mit den tiefgreifenden Veränderungen, die die mittelalterliche Kirche im Laufe der Zeit in christlicher Lehre und Auslegung erfahren hatte, den Wunsch und Anspruch gehabt haben, den ursprünglichen Zustand des Christentums ‚wiederherzustellen'. Herausgekommen ist dabei allerdings etwas ganz Neues: Reformation (im lutherischen Sinne) kann man definieren als ein vom Katholizismus in wesentlichen Punkten abweichendes christliches Bekenntnis, das sich in einem veränderten Gottesdienst (Deutsche Messe, Abendmahl unter beiderlei Gestalt) sowie einer neuen Kirchenorganisation zeigt.

Doch was war eigentlich das Neue an Luthers Lehre im Gegensatz zum alten Glauben? Luther, aber auch andere Reformatoren, legten ihren Überlegungen die Bibel zugrunde. Aus der Heiligen Schrift lasen sie eine gänzlich andere göttliche Heilszusage. Für Luther und alle damaligen Zeitgenossen war der Mensch gegenüber seinen Mitmenschen und gegenüber Gott voller Schuld, weil er – verführt durch den Teufel – Böses tat. Für diese Taten war der Mensch nach der damaligen Vorstellung voll verantwortlich, weil er Schlechtes beging, obwohl er an die Gebote Gottes gebunden war. Der Bruch der Gebote führte aber zum Zorn Gottes und nach dem Tode zur Höllenstrafe für die Seele und zum Verlust der ewigen Seligkeit. Aus diesem Dilemma gab es nur einen Ausweg: Der Mensch bedurfte der Erlösung von seiner Schuld. Der Weg zur Erlösung war der Glaube an den Gottessohn Jesus Christus, der die Schuld der Welt auf sich genommen hatte und für die Sünden der Menschen am Kreuz gestorben war. Diese Erlösung durch Christi Leiden und Tod beanspruchte die mittelalterliche Kirche für sich und leitete aus dieser die alleinige Befugnis auf Sündenerlass und Gnadengewährung ab. Sakramente, Segnungen, Bußleistungen, Ablass, Fürbitten bei den Heiligen – all diese „Dienstleistungen" der mittelalterlichen Kirche sollten helfen können, die Sündenschuld zu verringern. Daraus ließ sich eine Werkfrömmigkeit ableiten. Durch das Verrichten frommer Werke und guter Taten konnte die eigene Sündenschuld und die der bereits Verstorbenen, die man vor ihrem Eingang ins Paradies im Fegefeuer glaubte, verringert werden. Einige dieser frommen Werke wurden auch durch Stiftungen und Spenden, also Geldzahlungen und Abgabenleistungen erreicht. Vor allem in der finanziellen Sündentilgung sahen die Reformatoren die Auswüchse dieser Werkfrömmigkeit. Luther nun propagierte die Gerechtigkeit und Gnade Gottes (*iustitia dei*). Gott vergebe dem Menschen trotz seiner Sündhaftigkeit, weil Jesus Christus für alle Menschen am Kreuz gestorben sei und die Schuld auf sich genommen habe. Fromme Werke waren nach Luthers Meinung also unnötig.

Luthers Auslegung der christlichen Heilslehre und die Kritik an der Sündenerlasspraxis der alten Kirche beinhaltete enormen religiösen und gesellschaftlichen Zündstoff. Eine Umsetzung seiner Forderungen von heute auf morgen war somit kaum möglich. Auch konnte Luther natürlich diesen Umwälzungsprozess nicht allein ins Werk setzen. Es galt, die Gläubigen zu begeistern und zu überzeugen. Dazu bedurften seine Ideen der Verbreitung durch Multiplikatoren. Erst dadurch gewann seine Lehre immer mehr Anhänger. Diese legten allerdings seine Ansichten auch durchaus unterschiedlich aus. So nimmt es nicht wunder, dass es aufgrund dieser Voraussetzungen nicht zu der „einen" Reformation kam, sondern es viele verschiedene Ausprägungen und Verläufe gab. Reformationsbestrebungen konnten erfolgreich sein, aber auch scheitern, sodass einige Territorien und Städte zum alten Glauben zurückkehrten. Andere Gebiete waren gleich katholisch geblieben.

Doch ab wann kann man dann von „Reformation" oder „reformatorischer Bewegung" sprechen? Um das beurteilen zu können, haben die Historiker drei Kriterien entwickelt, mit denen man sich dem Phänomen nähern kann. Zum einen muss ein Bezug zum lutherischen Bekenntnis, also eine Berufung auf die Lehre Luthers bzw. das Augsburger Bekenntnis (*Confessio Augustana*) von 1530 vorhanden, zum anderen muss eine Veränderung des Gottesdienstes erkennbar sein (Deutsche Messe, Gesänge, Herausstellung der Predigt). Zum Dritten lässt sich Reformation an der Neuorganisation des alten oder der Einführung eines neuen Kirchenwesens festmachen. Dieses letzte Merkmal ist auch wesentlich für die Frage, wann der Reformationsprozess zu einem gewissen Abschluss bzw. einer Etablierung vorangeschritten ist. Dieser Zeitpunkt ist erreicht, wenn eine Kirchenordnung erlassen worden ist, die Glaubensaussagen, agendarische und organisatorische Regelungen umfasste und mit der zumeist ein neues Kirchenwesen geschaffen wurde.[2]

Das Münsterland im Reformationsjahrhundert

Wann wurde in Tecklenburg die Reformation eingeführt?

Das Jahr 2017 steht ganz im Zeichen des Jubiläums „500 Jahre Reformation". Grundlage des Erinnerns ist die Veröffentlichung von 95 Thesen durch Martin Luther im Jahr 1517, in denen er sich gegen die zeitgenössische Bußpraxis (Ablasshandel) und das Fegefeuer aussprach. Ob der Reformator seine Thesen am 31. Oktober des Jahres wirklich eigenhändig an der Tür der Schlosskirche zu Wittenberg anbrachte, wird von Historikern heute kontrovers diskutiert. Auf jeden Fall wurde dieses Ereignis bereits in der zweiten Hälfte des 16. Jahrhunderts zum Gründungsmythos der Reformation stilisiert. Blickt man allerdings nach Westfalen, so war hier 1517 noch wenig von der reformatorischen Bewegung zu spüren. Bis in die 1520er Jahre fand man in den westfälischen Ländern eine „heile katholische Welt" vor (Werner Freitag).[3] Doch wann gelangte die Reformation eigentlich ins Tecklenburger Land? In der Heimatforschung findet man vielfach das Jahr 1527 (manchmal auch 1525) als ihr Einführungsjahr angegeben.[4] Für diese Datierung werden zwei Gründe angeführt: zum einen die Hochzeit des Grafen Konrad von Tecklenburg mit Mechthild von Hessen, der Cousine des Landgrafen Philipp von Hessen, der ein früher Anhänger der evangelischen Bewegung war und auch die Tecklenburger Reformation maßgeblich beeinflusste; zum anderen die Berufung des lutherischen Predigers Johannes Pollius aus Osnabrück an der Schlosskapelle in Rheda, das damals zur Herrschaft der Tecklenburger Grafen gehörte.[5] Gegen diesen frühen Zeitansatz ist Ende der 1980er Jahre von dem westfälischen Kirchenhistoriker Alois Schröer der Einwand erhoben worden, dass Konrad erst 1534 von seinem kurz darauf verstorbenen Vater Otto die Regierung in der

Grafschaft Tecklenburg übertragen bekommen hatte. Zuvor übte der Junggraf seit 1524 lediglich die Herrschaft in Rheda aus, habe also im Tecklenburger Land nicht im Dienst des lutherischen Bekenntnisses wirken können.[6] Das Problem lässt sich allerdings auflösen, wenn man bedenkt, dass es sich bei dem historischen Phänomen „Reformation" nicht um einen Zeitpunkt, sondern um einen Prozess handelt, in dessen Verlauf verschiedene reformatorische Maßnahmen unternommen wurden. Von einer offiziellen Einführung des neuen Bekenntnisses in den Tecklenburger Herrschaftsgebieten kann ohnehin erst mit der Einführung einer eigenen Kirchenordnung im Jahr 1543 gesprochen werden. Erst zu diesem Zeitpunkt schloss sich Graf Konrad offiziell auf Gedeih und Verderb der Reformation an: denn zu Beginn der reformatorischen Bewegung konnte noch niemand wissen, dass 1555 im Augsburger Religionsfrieden den Anhängern des „Augsburger Bekenntnisses" dauerhaft ihre freie Religionsausübung zugestanden werden würde. In der ersten Hälfte des 16. Jahrhunderts für eine neues Bekenntnis einzustehen und sich gegen die alte Kirche zu wenden, war also ein mutiger und ungewisser Schritt. Überblickt man vor diesem Hintergrund die wenigen überlieferten Hinweise auf reformatorische Maßnahmen Konrads in den zwei Jahrzehnten vor 1543, so erscheinen sie als ein Austesten, wie weit man gehen konnte.[7]

Nachdem allerdings die Reformation in der Grafschaft Tecklenburg reichsrechtlich anerkannt war, besann man sich auf ihre frühen Anfänge. So nennt der Tecklenburger Hofrichter und Theologe Johann von Münster zu Vortlage (1560–1632) schon um 1600 das Jahr 1527 als Beginn der Reformation. Der Mythos, dass der Tecklenburger Graf angeblich der erste unter den westfälischen Landesherren gewesen sei, der das reine Wort Gottes verkünden ließ, findet sich bereits in einer Lobeshymne auf Konrad von

Johannes Pollius, die 1539 gedruckt wurde. Diese Angabe übernahm auch Hermann Hamelmann in seiner um 1570 fertiggestellten Reformationsgeschichte Westfalens, durch die diese Ansicht weite Verbreitung fand. Wenn sich Graf Konrad persönlich auch früh zur Lehre Luthers bekannt haben mag und einige reformatorische Maßnahmen ergriff: offiziell wurde in der Grafschaft Tecklenburg die Reformation aber erst 1543 eingeführt.[8]

Hermann Hamelmann (1526–1595)
Stich von F. W. Brandshagen (1711)

Der „wilde Cord" – Konrad von Tecklenburg und die Reformation

Die Einführung der Reformation im Tecklenburger Land ist untrennbar mit dem Namen des damaligen Landesherrn Konrad von Tecklenburg (1501–1557) verbunden, über dessen Person auch die reformatorischen Ideen Eingang in die Region fanden. Er war zudem der maßgebliche Motor der Glaubensbewegung, der auch 1543 mit einer lutherischen Kirchenordnung das neue Bekenntnis offiziell in seinem Herrschaftsbereich einführte. Doch woher kamen die Einflüsse, die auf den Tecklenburger Grafen einwirkten? Konrad wurde 1501 als Sohn des Grafen Otto von Tecklenburg und dessen Frau Irmgard aus dem gräflichen Haus Rietberg geboren. Über die Mutter bestanden verwandtschaftliche Beziehungen zu den hessischen Landgrafen. Daher nahm Konrad 1521 in Begleitung des Landgrafen Philipp von Hessen (1504–1567) am Reichstag zu Worms teil, in dessen Rahmen auch der bereits als Häretiker („Ketzer") verurteilte und mit dem Kirchenbann belegte Martin Luther angehört und anschließend in die Reichsacht gesetzt wurde. Möglicherweise kam der junge Tecklenburger Graf damals erstmals mit Luthers Vorstellungen in Kontakt. 1522 ist Konrad dann als Hofjunker am hessischen Landgrafenhof nachzuweisen. Mit Philipp von Hessen, der sich 1524 dem lutherischen Bekenntnis zuwandte und ab 1526 die Reformation in seinen Landen betrieb, verband den Tecklenburger eine lebenslange Freundschaft. Der hessische Einfluss wird auch maßgeblich für Konrads Hinwendung zur neuen Lehre gewesen sein. 1526 erfolgte die Verlobung Konrads mit einer Cousine Philipps von Hessen namens Mechthild († 1558), die zuvor dem

Konvent des hessischen Augustiner-Chorfrauenstifts in Weißenstein bei Kassel angehört hatte. Durch die 1527 folgende Hochzeit wurde eine dauerhafte familiäre Verbindung zwischen Hessen und Tecklenburg im Sinne Philipps zur Stärkung des hessischen Einflusses in Westfalen erreicht. Auf Anraten des Hessen trat Konrad 1538 auch dem Schmalkaldischen Bund bei, dem Zusammenschluss der deutschen protestantischen Fürsten und Städte. Nach der Niederlage des Bündnisses gegen den Kaiser im Schmalkaldischen Krieg 1546/47 verlor Konrad als Bundesgenosse, obwohl er sich nicht aktiv am Konflikt beteiligt hatte, die Herrschaft Lingen mit den Gebieten um Lingen und Ibbenbüren. Bis zu seinem Tod 1557 bemühte er sich vergeblich, diese Gebiete wiederzuerlangen. Sein Grabmal findet sich heute in der evangelischen Stadtkirche in Tecklenburg.

Mit dem Beinamen „toller" (also verrückter) oder „wilder Cord" belegten seine Gegner den Tecklenburger Grafen wegen der ihm nachgesagten gewalttätigen und rohen Maßnahmen zur Durchsetzung der Reformation und seiner Hoheitsansprüche. So drängte er die Osterberger Kreuzherren, ihr Kloster bei Lotte zu verlassen, indem er am Karfreitag 1538 einen Galgen errichten ließ. In der Nähe des Klosters Herzebrock bei Rheda ließ Konrad einen Bildstock, an dem bei Prozessionen Station gemacht wurde, niederreißen und an dessen Stelle ein Rad errichten, das mit einem Rutenbündel und einem toten Hund belegt war. Der Herzebrocker Priester habe – wie es heißt – aber trotzdem die Prozession durchgeführt und unter dem Hinrichtungswerkzeug gepredigt.[9] Im Zuge der damaligen Grenzfehden mit Osnabrück wurden zahlreiche Menschen eingekerkert oder erschlagen. Konrad ließ sogar den 90jährigen Zeugen Meier zu Teckentrup, der gegen ihn ausgesagt hatte, nach Rheda bringen, foltern und schließlich enthaupten. Raue Zeiten![10]

Konrad von Tecklenburg (1501–1557) im Jahr 1543
Gemälde auf Schloss Rheda

*Grabdenkmal Konrad von Tecklenburgs
in der ev. Stadtkirche Tecklenburg*

19

Epitaph Mechthild von Hessens
in der ev. Stadtkirche Tecklenburg

Hermann Keller – der erste lutherische Pfarrer in Tecklenburg?

Eng mit dem Problem verknüpft, wann in der Grafschaft Tecklenburg der Prozess der Reformation eigentlich begann, ist auch die Frage, wann der erste evangelische Pfarrer in der gräflichen Residenzstadt Tecklenburg angestellt wurde. Im Jahr 1527 berief Graf Konrad von Tecklenburg Johannes Pollius an die Schlosskirche seines Wohnsitzes in Rheda. Dass Pollius damals bereits überzeugter Lutheraner gewesen ist, beweist die Tatsache, dass er wegen lutherischer Predigten seines Amtes als Osnabrücker Domkaplan enthoben worden war.[11] Im gleichen Jahr wie Pollius wurde auch ein neuer Pfarrer in Tecklenburg eingeführt: Hermann Keller. Allerdings ist es bei diesem nicht so eindeutig zu bestimmen, ob der vormalige Priester im Bistum Münster bereits von Anfang an der lutherischen Lehre anhing. Denn damals regierte und residierte in Tecklenburg noch Graf Otto von Tecklenburg († 1534/35), der Vater Konrads, der als altgläubig gilt. Allerdings gibt es Hinweise, dass auch Hermann Keller von Anfang an der evangelischen Bewegung nahe stand. Bereits im Jahr 1526 verbot Graf Konrad dem Tecklenburger Richter Johann Schilthaus bei Strafe, Pächte und Renten an den Pfarrer von Tecklenburg, Bernhard von Gülich, zu zahlen. Bereits ein Jahr später sah sich dieser deshalb nach 43 Dienstjahren gezwungen, zu resignieren und sich in das Osnabrücker Dominikanerkloster am Natruper Tor zurückzuziehen. Das Lagerbuch der Kirchengemeinde Tecklenburg mit Einträgen aus dem 17. und 18. Jahrhundert vermeldet zudem, Gülich habe „katholisch" bleiben wollen, weshalb er Tecklenburg verlassen habe. Aber diese Angabe ist vermutlich erst eine spätere Erklärung aus der Perspektive der erfolgreich abgeschlossenen Tecklenburger Reformation. Keller wird also nicht zufällig Nachfolger Gülichs geworden sein; vor allem, da Keller später eindeutig Anhänger Luthers war.[12] So beklagte bereits 1534/35 der katholische Osnabrücker Offizial in seinem Anschreibebuch, dass die Geistlichen der Grafschaft Tecklenburg – mit Ausnahme derjenigen des Amtes Lingen und der Klöster Herzebrock, Clarholz, Leeden und Osterberg – „widerspenstig" seien. Sie wollten keine Synodalgebühren bezahlen und sich keiner weiteren Maßregelung durch die geistliche Obrigkeit mehr unterwerfen. Die gegen sie erlassenen Strafen wiesen sie zurück. Auch das Sakrament der letzten Ölung lehnten sie ab. Zudem beteiligten sich die Tecklenburger Kirchspiele ab 1534/35 nicht mehr an den vom Osnabrücker Bischof gegen die reformatorische Täuferbewegung erhobenen Steuern.[13] Das oben genannte Lagerbuch der Kirchengemeinde Tecklenburg weiß zudem insgesamt von einer freundschaftlichen Beziehung zwischen Keller und Graf Konrad zu berichten: Er sei oft bei Hofe gewesen und habe zusammen mit dem Grafen gejagt.[14] Somit ist anzunehmen, dass Hermann Keller bereits 1527 als lutherischer Prediger in Tecklenburg eingesetzt worden ist. 1613 nennt ihn der bentheim-tecklenburgische Hofrichter und Theologe Johann von Münster zu Vortlage (1560–1632) als maßgeblichen Reformator der Grafschaft Tecklenburg.[15]

Johannes Pollius – Reformator in Rheda

Neben Hermann Keller und Jacob Ledigen (Weldigen) gehörte Johannes Pollius zu den drei Reformatoren, die dabei halfen, in den Tecklenburger Herrschaftsgebieten das lutherische Bekenntnis einzuführen. Der um 1490 geborene Pollius stammte ursprünglich aus Bielefeld. Er hatte in jungen Jahren die Domschule in Münster besucht und lernte dort humanistische Ideen kennen. 1513 ging er zum Studium nach Köln und war anschließend Konrektor und ab 1516 Rektor der Domschule in Minden. 1521 verschlug es Pollius nach Osnabrück, wo er als Kaplan am Dom wirkte. Die Gründe für seinen Wechsel von der Weser- in die Hasestadt sind unbekannt. Ende 1526 war seine Hinwendung zur Lehre Luthers dann so deutlich geworden, dass er auf Drängen des Domkapitels entlassen wurde. Pollius wurde daraufhin von Konrad von Tecklenburg an seine Residenz Rheda berufen und hier 1527 zum Hofprediger ernannt. Im Frühjahr 1533 gewährte ihm der Tecklenburger Graf einen befristeten Urlaub, um in Soest den dortigen Superintendenten Johannes de Brune zu unterstützen. Dort erlebte Pollius im Frühjahr 1533 die im Zuge einer Spottprozession erfolgte Entfernung der Statue des Soester Stadtheiligen, des heiligen Patroklus, aus dem Stiftsmünster mit. Möglicherweise inspirierte ihn dieses Ereignis später, auf Konrad von Tecklenburg einzuwirken, auch die Margarethen-Statue aus der Kirche in Lengerich entfernen zu lassen. 1534 kehrte Pollius nach Rheda zurück. Im Auftrag des Tecklenburger Grafen nahm er 1539 (Arnstadt) und 1540 (Naumburg) an den Beratungen der Theologen des Schmalkaldischen Bundes teil, des Zusammenschlusses der evangelischen Fürsten und Städte. Zudem dürfte Pollius an der Tecklenburger Kirchenordnung mitgearbeitet haben. Auch mit der Mutter des Grafen Konrad, Irmgard von Tecklenburg aus dem Haus Rietberg, die ab 1534 in Rheda residierte und 1540 starb, scheint er in einem guten Verhältnis gestanden zu haben. Sie vermachte „Herrn Johann Poll" in ihrem Testament die stattliche Summe von 20 Goldgulden. 1543 übernahm Pollius auf Bitten des Osnabrücker Stadtrates das Pfarramt an St. Katharinen und die neu geschaffene Stelle des Superintendenten. Während des Augsburger Interims musste Pollius von 1548 bis 1552 die Stadt Osnabrück verlassen und fand erneut Unterkunft in Rheda. Danach wirkte er bis zu seinem Tod 1562 als Pfarrer an der Osnabrücker Katharinenkirche. Der Name Pollius ist übrigens die latinisierte Fassung der deutschen Formen Polhen, Polhenne, die so viel wie „Teichhuhn", also Ente, bedeuten. Wegen der Bedeutung seines Namens wurde Pollius auch während seines Aufenthaltes in Soest verspottet. Allerdings war damals die Latinisierung oder Gräzisierung (Griechisierung) von Familiennamen in gelehrten Kreisen in Mode. So wurde etwa aus Philipp Schwartzerdt der Reformator Philipp Melanchthon (zu griechisch *mélas* ‚schwarz' und *chthon* ‚Erde'). Insgesamt scheint Johannes Pollius nach eigener Aussage ein bescheidener Mensch gewesen zu sein. Als „echter Westfale" rühmte er aber Bier, Schwarzbrot und geräucherten Schinken als seine Lieblingsspeisen.[16]

Lebensgroßes Portrait des Johannes Pollius
in der St. Katharinen-Kirche in Osnabrück (um 1640)

25

Der Lengericher Bildersturm

Wenn man sich mit der Reformationsgeschichte des Tecklenburger Landes beschäftigt, kommt man auch an einem Ereignis nicht vorbei, das damals Furore gemacht haben dürfte: der Lengericher „Bildersturm". Der Reformator Johannes Pollius (um 1490–1562) berichtet in einer Lobeshymne an Graf Konrad von Tecklenburg (1501–1557), die 1539 gedruckt wurde, von diesem Ereignis. Es ist der einzige zeitgenössische Bericht über diesen Vorgang. Weil nach Luthers Grundsatz von der allein seligmachenden Gnade Gottes (*sola gratia*) die Verehrung von Heiligen und ihrer Abbilder (Gemälde, Statuen) als Mittler zwischen Gott und Mensch von den Anhängern der Reformation abgelehnt wurde, soll Graf Konrad die angeblich wundertätige Statue der heiligen Margaretha aus der Lengericher Kirche entfernt haben. Die hölzerne Figur habe aufgrund einer Vorrichtung angeblich weinen können. Mit der Statue, die 1327 erstmals erwähnt wird, war zudem eine nicht unbedeutende Wallfahrt verbunden, durch die zahlreiche Pilger nach Lengerich kamen. Die Bedeutung des Margarethen-Kultes für Lengerich lässt sich auch daran ablesen, dass Margaretha das ältere Patrozinium der Lengericher Kirche, Lucia, verdrängte und der Ort bis ins 18. Jahrhundert hinein zur Unterscheidung von Lengerich im Emsland „Margarethen-Lengerich" genannt wurde. Die Statue der heiligen Margarethe wurde nach mündlicher Überlieferung auch zu Flurumgängen benutzt, die zur sogenannten „Margarethen-Egge", einer Anhöhe im Teutoburger Wald bei Leeden, und zu einem „Hilligen Stohl" an der Grenze zu Lienen führten, wo man auf die Iburger Jacobus-Prozession traf.[17] Bisher ist allerdings nicht geklärt, wann sich der Lengericher Bildersturm ereignete. Der

Heimatforscher Friedrich Ernst Hunsche (1905–1994) zitiert eine Passage aus einem Brief Konrad von Tecklenburgs an den Landgrafen Philipp von Hessen vom 31. Mai 1542, in dem es angeblich heißt, Konrad habe sich „des evangelischen Wesens teilhaftig gemacht und am 19. Mai 1525 ein abgötterisch Bild in der Kerke to Lengerich in mine Graveschapp Tecklenburg durch den Prediger Jakob Weldigen, den ik aus Lippstadt habe setten laten, stürzen und zerhauen lassen."[18] Doch ergab eine Nachprüfung, dass besagte Stelle in dem genannten Brief nicht enthalten ist. Damit ist das Datum 1525 nicht haltbar. Wegen der unzweifelhaften Datierung des Lobgedichtes von Pollius muss die Margarethen-Statue aber spätestens 1539 aus der Lengericher Kirche fortgeschafft gewesen sein.[19] Der Historiker Norbert Schnitzler vermutet zur zeitlichen Bestimmung des Lengericher Bildersturms, dass Pollius den Grafen Konrad zur Entfernung der Margarethen-Statue angeregt haben könnte, nachdem der Reformator – während seines von Februar 1533 bis Ostern 1534 andauernden Aufenthaltes in Soest – im Frühjahr 1533 die öffentliche Entfernung des Bildes des heiligen Patroklus aus dem Stiftsmünster im Zuge einer Spottprozession miterlebt hatte und von diesem Vorgang möglicherweise inspiriert wurde. Der Bildersturm in Lengerich ist also wohl zwischen 1534 und 1539 anzusetzen.[20] In Pollius' Gedicht heißt es, der Tecklenburger Graf habe die Margarethen-Statue entfernen lassen, um das Volk zu hindern, einer Holzfigur göttliche Ehren zu erweisen und von ihr Hilfe zu erhoffen. Die Menschen müssten vielmehr lernen, wachen Herzens nach dem Willen der allgegenwärtigen Gottheit des Vaters zu fragen. Sie jammerten nun über den Verlust der Spenden, die ihnen der „Koloss" gebracht habe, und die Priester schmähten den Grafen. Aber je heftiger die gottlose Schelte, desto größer sei die Gnade von oben.[21]

Die heutige ev. Stadtkirche in Lengerich

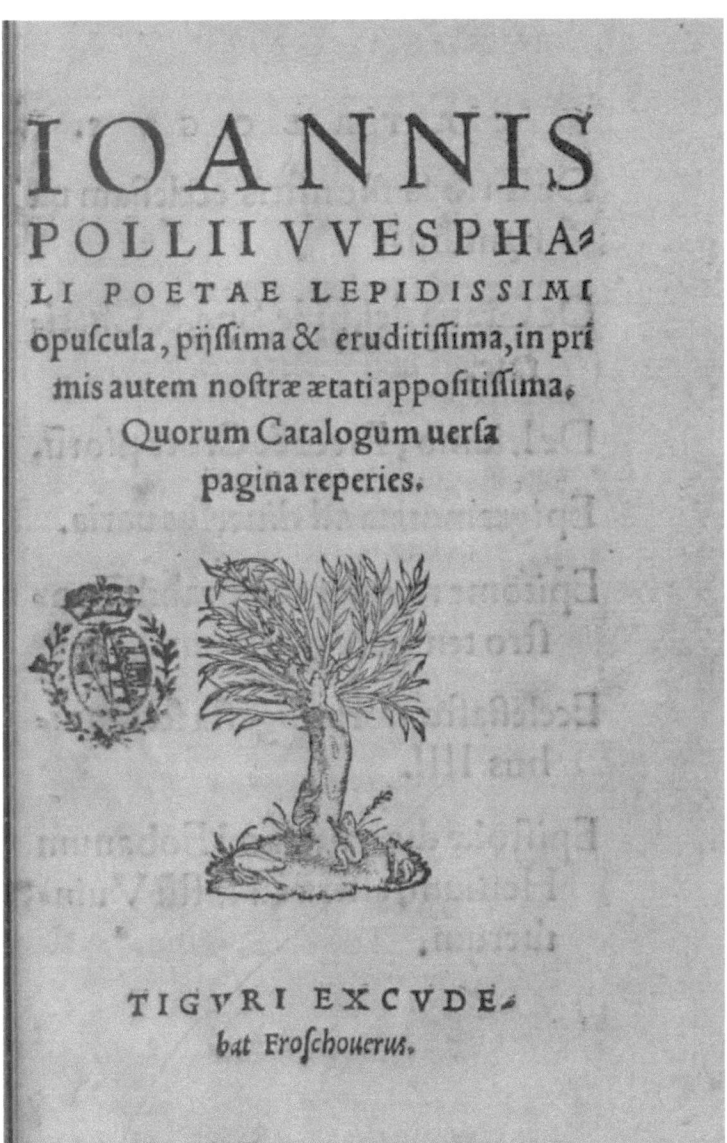

IOANNIS
POLLII VVESPHA⸗
LI POETAE LEPIDISSIMI
opuſcula, pijſſima & eruditiſſima, in pri
mis autem noſtræ ætati appoſitiſſima,
Quorum Catalogum uerſa
pagina reperies.

TIGVRI EXCVDE⸗
bat Froſchouerus.

Titelblatt der Gedichtsammlung Pollius' (1539)

AD EVNDEM, QVOD STA

tuam siue Colossum Margarethæ tolli iußit è Phano
Lengarico, ad quem perinde ac olim ad oraculum Del
phicum, à tota VVesphalia con=
cursum est.

EPIGRAMMA.

Dvm tua Margaridos tolli simulachra potestas
Iußit, & obscuro condier illa loco.
Vltra diuinos illi ne impendat honores
Vulgus, & è ligno flebile poscat opem.
Sed colat immensi præsentia numina patris.
Discat & intento corde rogare Deum.
Indoluere homines quæstum quibus ille colossus

F

RERVM MEMORAB.

Attulit, & grauido dona recepta tholo.
Et tibi sacrifici maledicunt murmure iuncto
O Comes, ô generis nobilis aura tui.
Sed tibi, quàm lacerat quantum furit impia lingua
E cœlis tanto gratia maior adest.
Impie quim igitur mentiri pergis abunde
Ne desit comiti gratia summa pio.
Quem Deus è supera metuendus protegit arce,
An petulans illi lingua nocere queat.

*Pollius' Lobeshymne auf Konrad von Tecklenburg,
gedruckt 1539, ist die einzige Quelle für den
„Lengericher Bildersturm"*

30

Übersetzung
(nach Erich Weichel[22])

„An denselben [Konrad von Tecklenburg], weil er die Statue oder den Koloss der Margaretha aus dem Lengericher Tempel beseitigen ließ, zu dem man ebenso wie einst zum delphischen Orakel aus ganz Westfalen zusammengelaufen ist.

Epigramm

Während Deine Macht die Bilder der Margarethe zu entfernen und jene an einen dunklen Ort einzuschließen befahl, damit das Volk jener nicht obendrein göttliche Ehren erweise und von dem Holz jämmerliche Hilfe erflehe, sondern die gegenwärtige Hoheit des unermesslichen Vaters verehre und lerne, mit aufmerksamem Herzen Gott zu bitten, trugen die Menschen Trauer, denen jener Koloss Gewinn brachte und Geschenke, die man unter der schweren Kuppel darbrachte.

Und Dich verwünschen in vereintem Murren die Opferpriester, oh Graf, edler Glanz Deines Geschlechtes.

Aber Dir hilft, wie sehr auch die gottlose Zunge Dich zerfleischt und gegen Dich wütet, aus dem Himmel eine umso größere Gunst.

Wirklich, Gottloser, fahre also fort, maßlos zu lügen, damit dem frommen Grafen nicht die höchste Gnade fehle, den Gott, der [allein] zu fürchten ist, aus der oberen Burg beschützt, ob dem etwa eine freche Zunge zu schaden vermag."

Die Reformation des Klosters Leeden

Eine wichtige Veränderung der Reformation im Vergleich zum alten Glauben war, dass der Mensch allein von Gottes Gnade und Gerechtigkeit abhängig war. Diese göttliche Heilszusage lasen Luther und seine Anhänger aus der Heiligen Schrift. Daraus ergab sich, dass fromme Werke zur Verringerung der menschlichen Sündenschuld, die die alte Kirche gefordert hatte, unnötig waren. Man brauchte nach Luthers Überzeugung nicht für die Verstorbenen im angeblichen Fegefeuer zu beten, fromme Stiftungen zu tätigen oder die Heiligen um Hilfe anzurufen. Auch das Leben in Abgeschiedenheit oder Askese, wie es die Klöster boten, brachte nach der neuen Lehre keine größere Nähe zu Gott. Deshalb wurden mit der Reformation auch die Klöster überflüssig. Allerdings sprach sich Luther nicht dafür aus, die Klöster generell abzuschaffen. Vielmehr sollten sie erhalten bleiben, wenn sie in evangelischem Sinn umgestaltet wurden. Dazu gehörte vor allem die Freiwilligkeit des Aufenthalts im Kloster: Die Klostergemeinschaften sollten Gott frei und ungezwungen dienen. Diese grundsätzliche Haltung erklärt auch, warum das Kloster Leeden im Zuge der Reformation im Tecklenburger Land nicht aufgelöst wurde, sondern erst Anfang des 19. Jahrhunderts mit der Säkularisation.

Einzug erhielt Luthers Lehre in Leeden vermutlich schon in den 1530er Jahren. Sicher fassen lässt sich der Beginn der Reformation aber erst 1538. Damals starb die Äbtissin der Klosters Anna von Hoberg. Sie soll bereits der Augsburgischen Konfession zugetan gewesen sein und das Abendmahl in beiderlei Gestalt eingenommen haben. Möglicherweise steht mit der Hinwendung der Äbtissin zum Luthertum auch die vor 1538 erfolgte Weigerung des

Amtmanns von Fürstenau in Zusammenhang, dem Kloster den Zehnten aus Neuenkirchen bei Vörden als kirchliche Abgabe zu entrichten.

Mit dem Tod der alten Äbtissin sah Graf Konrad von Tecklenburg (1501–1557) aber die Gelegenheit gekommen, die Reformation im Kloster Leeden durchzusetzen und sich der landesherrlichen Hoheit über die Einrichtung zu bemächtigen. Bereits sein Vater Otto († 1534/35) hatte versucht, das Kloster unter seine Landesherrschaft zu bringen und den Nonnen untersagt, ohne gräfliche Erlaubnis geistliche oder weltliche Personen auf- oder sonstige Veränderungen vorzunehmen. Sohn Konrad ließ zunächst alle Rechnungen, Reliquien, Briefschaften, Siegel und bislang gültigen Ordnungen des Klosters durch seine Beamten beschlagnahmen, bemächtigte sich also der Verwaltung. Zudem nahm er den Zisterzienserinnen ihr altes Recht, ihre Äbtissin frei zu wählen, indem er seine Halbschwester Katharina zur neuen Vorsteherin der Gemeinschaft einsetzte. Der Konvent willigte damals ein, „eine löbliche, göttliche Ordnung, wie sie uns von unserm Landesherren Kord soll vorgestellt werden", anzunehmen. Die Klosterschwestern erkannten Konrad also auch als ihren Landesherrn an.[23] Erst nach Konrads Tod gab sein Schwiegersohn Everwin von Bentheim-Tecklenburg 1559 den Schwestern ihr Schriftgut und ihr freies Äbtissinnen-Wahlrecht zurück.

Mit der Reformation wurde das Kloster in ein Stift umgewandelt. Das bedeutete, dass die Stiftsdamen anders als die Nonnen keinem ewigen Gelübde mehr unterlagen, sondern aus dem Konvent austreten konnten, wenn sie etwa heiraten wollten.[24] Allerdings war der Erhalt des Instituts ungewöhnlich für Konrads Klosterpolitik, die auch vor Auflösung der Klöster und Einziehung ihres Besitzes nicht zurückschreckte. Möglicherweise blieb das Kloster Leeden, das 1240 von den Tecklenburger Grafen gegründet worden war, auch als Stift erhalten, weil hier einige Vorfahren des Grafen bestattet lagen und Leeden somit auch als Tecklenburger Familiengrablege anzusprechen ist.[25]

Die Stiftskirche in Leeden

Die Reformation des Klosters Schale

Bereits vor Beginn der Reformation kritisierten die Menschen die Privilegien der Kirche. Diese bestanden etwa in der eigenen Gerichtsbarkeit oder der Gewerbetätigkeit der Kleriker. Da auf die Besitzungen der geistlichen Institutionen – Immobilien und verzinstes Geldvermögen, die auf Stiftungen von Laien beruhten – zudem keine Steuern erhoben werden durften, bezeichneten die Zeitgenossen das kirchliche Eigentum auch als die „tote Hand". Aus ihnen konnte also kein Mehrwert für die Allgemeinheit gewonnen werden, weshalb dieser Zustand vielfach beanstandet wurde. Auch Klöster besaßen Ländereien und zahlreiche andere Einnahmen, um den Unterhalt der Mönche und Nonnen zu gewährleisten. Die Lehre der Reformation von der ausschließlichen Gnade Gottes machte die Existenz dieser Einrichtungen allerdings unnötig. Vor diesem Hintergrund ist vermutlich auch eine frühe reformatorische Maßnahme Konrad von Tecklenburgs (1501–1557) zu erklären: Bereits 1526 strich der Graf den Zisterzienserinnen des Klosters Schale jegliche Einkünfte aus seinen Herrschaftsbereichen. Dadurch brachte er das kleine Kloster in große wirtschaftliche Schwierigkeiten. Bereits 1533 waren die Nonnen wirtschaftlich am Ende. Sie boten ihr Kloster dem Osnabrücker Bischof als ihrem geistlichen Herrn zum Kauf an. Doch dieser lehnte ab. Graf Konrad hingegen nutzte die Gelegenheit und erwarb das Kloster Schale am 3. Juli 1535. Der Konvent bestand damals noch aus der Äbtissin und sieben Nonnen. Konrad löste das Kloster auf und richtete ein neues Kirchspiel Schale ein, das er von Freren abtrennte. Kauf und Auflösung des Klosters rechtfertigte der Graf später mit der sehr lockeren Klosterzucht – angeblich tanzten die Nonnen gern – und dem Gerücht, sie hätten kleine Kinder ermordet. Umgehend nach Erwerb des Klosters setzte der Graf den evangelischen Prediger Jacob Ledigen (auch Weldigen) aus Lippstadt als Pastor in Schale ein. Um den Prädikanten an die Grafschaft Tecklenburg zu binden, weil gute lutherische Prediger damals in Westfalen noch „Mangelware" waren, gab Konrad ihm eine seiner unehelichen Töchter zur Frau. Doch bereits kurze Zeit nach seinem Amtsantritt in Schale geriet Ledigen zwischen die Mühlsteine der landesherrlichen Politik. Der Osnabrücker Bischof und das Domkapitel waren mit dem Kauf und der Auflösung des Klosters Schale nicht einverstanden. So wurde am 11. August 1535 Ledigen „auf kaiserlich freier Straße" durch den Drosten des osnabrückischen Amtes Fürstenau, Eberhard Möring, aufgegriffen und ins Gefängnis geworfen. Graf Konrad nahm im Gegenzug einen katholischen Geistlichen in Westerkappeln gefangen. Nach langen Verhandlungen wurden beide Gefangene erst 1537 wieder auf freien Fuß gesetzt. 1541 wurde Ledigen von Schale nach Lingen geschickt, wo Konrad ihn zur Einführung des lutherischen Bekenntnisses benötigte. Die Niedergrafschaft Lingen hatte Konrad nämlich nach dem erbenlosen Tod seines Onkels Nikolaus in diesem Jahr erhalten. Die Umwandlung Schales in ein eigenes tecklenburgisches Kirchspiel hatte aber auch ganz konkrete territorialpolitische Gründe, denn Schale stellte die Landverbindung zwischen der Ober- und Niedergrafschaft Lingen dar, die sich zu dieser Zeit im Besitz der Tecklenburger Grafenfamilie befanden. Landesherrliche Reformation ging damals immer auch mit Herrschaftsausbau einher.[26]

Die Kirche in Schale ist das letzte Zeugnis
des Klosters Schale.
Der Turm wurde allerdings erst 1899
an das alte Kirchenschiff angebaut

Der Reformationsversuch
im Kloster Osterberg
bei Lotte

Erste reformatorische Bestrebungen, die das bei Lotte gelegene Kreuzherrenkloster Osterberg betrafen, lassen sich im Jahr 1531 feststellen. Damals beschuldigte Graf Konrad von Tecklenburg (1501–1557) den Osterberger Konvent, gegen das Verbot seines Vaters Otto verstoßen zu haben, Klosterbrüder ohne Genehmigung des Landesherrn aufzunehmen. Dieses Verbot zeigt, dass der Tecklenburger Graf als Landesherr sich damals bereits auch Rechte in geistlichen Angelegenheiten anmaßte, die ihm zuvor nicht zugestanden hatten. Die Maßnahme Ottos zielte darauf, das Kloster langsam aber sicher „aussterben" zu lassen und sich den Klosterbesitz anzueignen. Auch in der Folge versuchte sein Sohn Konrad den Besitzungen des Klosters Osterberg habhaft zu werden und es dem kirchlichen Einfluss des Osnabrücker Bischofs zu entziehen. 1536 verbot Konrad den Kreuzherren, die Messe zu lesen und die alten Zeremonien zu halten. Die kanonischen Stundengebete durften auf Fürsprache des Tecklenburger Hofpredigers Hermann Keller allerdings beibehalten werden. Die Anrufung der Heiligen und jeglicher Verweis auf das Fegefeuer wurden jedoch 1537 verboten. Die weiteren Richtlinien, wie sich die Mönche zukünftig zu verhalten hatten, sollten sie vom Grafen persönlich erhalten oder der Nürnberger Kirchenordnung entnehmen. Allerdings hielten die Osterberger Mönche weiterhin am katholischen Bekenntnis fest. Als 1538 dann ein neuer Prior des Konvents gewählt wurde, nutzte Konrad die Gelegenheit, sich Osterbergs zu bemächtigen. Er warf den Mönchen vor, sie hätten erneut gegen das Verbot seines Vaters verstoßen, keine Personal-

veränderungen ohne Wissen des Landesherrn vorzunehmen. Der Graf erschien persönlich mit seinen Reitern im
Kloster und zwang die Mönche, ihm ihr Hab und Gut zu
übergeben und 1.000 Goldgulden Strafe zu zahlen. Aus
Furcht vor weiteren Willkürakten des Tecklenburger Grafen zogen die Mönche des Klosters auf den Klosterhof Leye
bei Osnabrück und wenig später in ihr Haus in der Stadt
Osnabrück. Graf Konrad besetzte Osterberg und errichtete
am Karfreitag 1538 einen Galgen vor dem Kloster als Zeichen seiner Landesherrschaft und Gerichtshoheit, aber
auch als Drohung gegen Ungehorsam. Die verbliebenen
Osterberger Laienbrüder flohen daraufhin zum Teil in das
nahegelegene Kreuzherrenkloster Bentlage oder verstreu-
ten sich. Zu Ostern ließ Konrad dann gewaltsam vom Klosterhof Leye acht Wagen mit Korn und anderen Feldfrüch-
ten sowie eine Schafherde abtransportieren. Der Kreuz-
herrenorden bemühte sich um Rückerhalt Osterbergs und
erwirkte sogar ein kaiserliches Mandat zur Restitution, das
Graf Konrad allerdings in den Wind schlug. Erst nach dem
Ende des Schmalkaldischen Krieges 1547, aus dem Graf
Konrad als Verlierer hervorging, wendete sich das Blatt.
1548 wurde dem Grafen vom Kaiser auferlegt, das Kloster
Osterberg binnen neun Tagen wiederherzustellen. Allerdings waren die Klostergebäude nach der Inbesitznahme
durch Konrad abgebrochen worden, um den Mönchen eine
Rückkehr zu erschweren. Daher verglich sich Konrad erst
1552 mit den Osterberger Mönchen und gab ihnen ihre
Besitzungen zurück. Die Mönche erkannten den Grafen als
ihren Landesherrn an und Konrad versprach, ihnen ein
gnädiger Herr zu sein. Die Auflösung des Klosters Osterberg im Zuge der Tecklenburger Reformation war also
gescheitert.[27]

Rechtsbruch als Mittel der Reformation

Es war im Jahr 1543. Graf Konrad von Tecklenburg begab sich mit einigen bewaffneten Reitern nach Lengerich. Dort betrat er die Sakristei der Kirche, ließ sich den Urkundenschrank öffnen und nahm ein wichtiges Schriftstück an sich. Bei diesem Dokument handelte es sich um die Ernennungsurkunde des damaligen Pfarrers Johann Gropper, der die Lengericher Pfarrstelle kurze Zeit zuvor von der Äbtissin von Herford übertragen bekommen hatte. Die Herforder Stiftsvorsteherin bestimmte seit alters her die Pfarrer in Lengerich, Ibbenbüren und Lienen, weil es sich um Herforder Eigenkirchen handelte. Dieses uralte Vorrecht gedachte Konrad von Tecklenburg nicht länger in seinem Herrschaftsbereich zu akzeptieren. Die geraubte Pfarreinsetzungsurkunde Groppers ersetzte er durch einen eigenen Vertrag mit dem Pfarrer, in dem Konrad dem Geistlichen Johann Gropper die Lengericher Pfarrstelle unter der Verpflichtung übertrug, „der Gemeinde das lautere Wort Gottes zu predigen und die evangelischen Zeremonien recht zu halten, wie das einem rechten evangelischen Prädikanten zu tun gebühre". Zudem musste Gropper dem Grafen Treue und Unterstützung geloben und die Pfarrstelle sollte bei Verzicht des Pfarrers wieder an den Grafen und seine Nachkommen fallen.[28] Ähnlich war der Landesherr bereits 1540 in Ibbenbüren vorgegangen. Damals wollte der Ibbenbürener Pfarrer Johann Grest aus Altersgründen sein Amt niederlegen, weshalb er die Herforder Äbtissin darum bat, seinen „natürlichen" Sohn Hieronymus zu seinem Nachfolger zu machen. Der Tecklenburger Graf protestierte gegen das Pfarrbesetzungsrecht der Herforderin in Ibbenbüren und übertrug unberechtigterweise selbst Hieronymus Grest die Pfarrstelle. Erst der Enkel Konrads,

Arnold von Bentheim-Tecklenburg, gab das Pfarrbesetzungsrecht 1584 an die Herforder Äbtissin unter der Bedingung zurück, dass die Pfarrer der reinen Lehre Augsburgischer Konfession angehören und einen guten Lebenswandel führen sollten.[29] In Westerkappeln, wo die Äbtissin des Klosters Gravenhorst den Pfarrer seit dem 13. Jahrhundert einsetzte, zog Konrad 1537 die Vikarie an der Kirche in Westerkappeln ein, bemächtigte sich also der wirtschaftlichen Grundlagen der Vikarstelle, weil diese bereits lange Zeit unbesetzt gewesen sei. Gegen den Protest der Gravenhorster Äbtissin wandte Konrad ein, dass er aufgrund seiner „hohen Obrigkeit" dazu berechtigt sei.[30] Konrad beanspruchte also schon damals das Kirchenregiment, vor allem über die Pfarreien, in denen er nicht das Patronatsrecht besaß. Erste Anzeichen dieser Entwicklung finden sich bereits 1525. Damals versuchte Konrad die Geistlichen seines Territoriums zu besteuern. Darüber beschwerte sich der Ibbenbürener Pfarrer bei der Herforder Äbtissin als seiner Herrin. 1534/35 veranlasste Konrad die Geistlichen seines Territoriums, dem Osnabrücker Bischof den gehörigen Gehorsam zu verweigern. So beschwerte sich der Osnabrücker Offizial, dass die Tecklenburger Landpfarrer keine Synodalgebühren mehr zahlten, sich nicht mehr vom Bischof maßregeln ließen, am Gründonnerstag keine heiligen Öle für das Osterfest aus dem Osnabrücker Dom holten und das Sakrament der letzten Ölung missachteten.[31] Dass die Tecklenburger Pfarrer damals der Aufforderung des Grafen Folge leisteten, deutet bereits auf das Schwinden katholischer Überzeugungen hin. Der Reformationsprozess im Tecklenburger Land nahm seinen Lauf.

Die Tecklenburger Kirchenordnung von 1543

„Sie sollen sich hüten, dass sie nichts singen oder lesen, was Gottes Wort entgegensteht, besonders was die Anrufung der Heiligen, das Fegefeuer oder weitere Irrtümer angeht." Mit dieser deutlichen Anweisung der Tecklenburger Kirchenordnung wurde am 24. August 1543 das Fegefeuer und die Heiligenverehrung im Tecklenburger Land offiziell abgeschafft. Doch nicht nur Vorgaben der richtigen Lehre und des angemessenen Lebenswandels legte man in der Vorschrift fest, sondern auch der Unterhalt der Pfarrer, die Kirchenzucht und die Einrichtung des „gemeinen Kastens" (Armenfürsorge) wurden geregelt. Ferner wurde die Deutsche Messe unter Beibehaltung einiger lateinischer Gesänge und Gebete eingeführt und die Eucharistiefeier (Opfermesse) abgeschafft. Dafür wurde das lutherische Abendmahl in beiderlei Gestalt (Brot und Wein) verbindlich. Darüber hinaus wurde bestimmt, welche kirchlichen Feiertage begangen werden und wie das Leben in den Klöstern sich zu gestalten habe. Erlassen wurde die Kirchenordnung von Graf Konrad von Tecklenburg (1501–1557). Sie ist das öffentliche Bekenntnis des Landesherrn zur lutherischen Reformation. Zudem war sie aber auch ein deutliches Zeichen landesherrlichen Selbstverständnisses. Denn die Tecklenburger Kirchenordnung wurde nicht von ungefähr im Jahr 1543 erlassen. Seit dem Mittelalter gehörte das Gebiet der Grafschaft Tecklenburg kirchlich zur Diözese Osnabrück. In geistlichen Fragen waren also der Osnabrücker Bischof bzw. seine untergeordneten Vertreter zuständig. Mit dem Aufkommen und der Durchsetzung des landesherrlichen Kirchenregimentes in der Reformationszeit beanspruchte allerdings auch der jeweilige Landesherr die kirchliche Leitungsgewalt. Als im Mai 1543 der ebenfalls der Reformation zuneigende Osnabrücker Bischof Franz von Waldeck (1491–1553) sowohl eine Stadt- als auch eine Landkirchenordnung erließ, musste Konrad von Tecklenburg handeln, um sich von der alten geistlichen Vorherrschaft des Osnabrücker Bischofs zu lösen. Daher erließ er am 24. August 1543 – als „von Gott verordnete Obrigkeit", wie es in der Einleitung heißt – eine eigene Kirchenordnung für seinen Herrschaftsbereich (Tecklenburg, Lingen und Rheda). Die Tecklenburger Kirchenordnung war somit ein wichtiges Symbol des Tecklenburger Herrschaftsanspruchs auch in geistlichen Belangen.[32] Es ist allerdings ein glücklicher Zufall, dass dieses für die Tecklenburger Reformationsgeschichte zentrale Dokument überhaupt noch bekannt ist. Denn die Tecklenburger Kirchenordnung ist nur in einer einzigen Abschrift vom Ende des 16. Jahrhunderts überliefert, die erst 1870 wiederentdeckt wurde.[33] Ihr Vorbild war die Brandenburg-Nürnberger Kirchenordnung von 1533, die zweimal im Text genannt wird und die nachweislich bereits 1537 in der Grafschaft Tecklenburg angewendet wurde. Vor 1537 nutzte man anscheinend eine hessische Ordnung.[34] Die Tecklenburger Kirchenordnung von 1543 galt allerdings nur für knapp zwei Jahrzehnte, denn nach Konrad von Tecklenburgs Tod 1557 wurde auf dem Landtag 1561 in Leeden auf Antrag der Tecklenburger Ritterschaft beschlossen, dass sich die Tecklenburger Pfarrer wieder nach der Nürnberger Kirchenordnung richten sollten. Konrads Schwiegersohn Everwin von Bentheim-Steinfurt (1536–1562) stimmte dem Antrag zu. 1562 erarbeitete der Tecklenburger Hofprediger Hermann Meßmacher eine Kirchenordnung, die aber wohl wegen ihrer reformierten Tendenzen nicht zur Anwendung kam. 1575 soll in der Grafschaft Tecklenburg ein Auszug aus der neuen hessischen Kirchenordnung von 1574 in Kraft getreten sein. 1588 wurde dann schließlich mit dem Übertritt zum Calvinismus eine reformierte Kirchenordnung erlassen, die 1619 auch gedruckt wurde.[35]

Die erhaltene Abschrift der
Tecklenburger Kirchenordnung von 1543
(Landesarchiv Nordrhein-Westfalen, Abteilung Westfalen,
Manuskripte VII, Nr. 2205)

Gewalttat auf der Tecklenburg

Bevor in der Grafschaft Tecklenburg mit der Kirchenordnung von 1543 offiziell die Reformation eingeführt wurde und der Tecklenburger Graf Konrad (1501–1557) auch das Kirchenregiment in seinem Herrschaftsgebiet beanspruchte, unterstand das Tecklenburger Land in geistlichen Fragen dem Bischof von Osnabrück. Doch spätestens 1534/35 begann sich dieses Verhältnis zu ändern. Auf Anweisung Konrads verweigerten die Tecklenburger Geistlichen ihrem Hirten in Osnabrück den Gehorsam. So beklagte der damalige Osnabrücker Offizial, Johannes Mellinckhaus, dass die Tecklenburger Landpfarrer keine Synodalgebühren mehr zahlten, sich nicht mehr vom Bischof maßregeln ließen, am Gründonnerstag keine heiligen Öle für das Osterfest aus dem Osnabrücker Dom holten und das Sakrament der letzten Ölung missachteten. Dass die Tecklenburger Pfarrer damals der Aufforderung des Grafen Folge leisteten, deutet bereits auf das Schwinden katholischer Überzeugungen hin. In diesem Zusammenhang verzeichnete Mellinckhaus als Vorsteher des Kirchengerichts auch ein Verbrechen in Tecklenburg: Ein Bürger hatte einem katholischen Geistlichen auf der Burg Gewalt angetan.[36] Übergriffe auf Geistliche ereigneten sich aber nicht erst zur Zeit der Reformation, sondern durchaus schon vorher. Für das Osnabrücker Land werden zwischen 1517 und 1534 sechs Fälle aufgeführt, in denen Bauern sich an ihren eigenen Seelsorgern vergingen. Mit insgesamt 14 Schlägereien waren die Konflikte mit auswärtigen Klerikern noch zahlreicher. In einem Fall wird der verletzte Geistliche als Klerikernotar bezeichnet, der vermutlich unangenehme Nachrichten überbrachte, weshalb er von den aufgebrachten Landbewohnern Prügel bezog. Allerdings waren auch die

Priester nicht immer ganz unschuldig an den zumeist blutigen Auseinandersetzungen, denn in dem genannten Zeitraum werden auch neun Seelsorger bestraft, weil sie ihre „Schäfchen" bei Raufereien körperlich verletzten. Gewalt gegen katholische Geistliche ist also nicht unbedingt ein Hinweis auf reformatorische Bewegungen.[37]

Man könnte die Anwesenheit eines katholischen Geistlichen 1534/35 auf der Tecklenburg noch als deutliches Zeichen betrachten, dass die Reformation im Tecklenburger Land noch nicht begonnen hatte. Doch zeigt der Fall deutlich, dass die Bußzahlung für die Gewalttat vom Offizial erst erstritten werden musste. Somit war bereits die Autorität des geistlichen Gerichts untergraben. Die Abtrennung von den geistlichen Behörden in Osnabrück befand sich im Tecklenburger Land in vollem Gange.

Es bleibt die Frage zu stellen, was ein katholischer Geistlicher noch 1534/35 auf der Tecklenburg zu suchen hatte, sodass er von einem Tecklenburger Einwohner angegriffen werden konnte. Denn seit 1527 war nachweislich der Lutheraner Hermann Keller Pfarrer in Tecklenburg. Möglicherweise steht der Besuch des altgläubigen Klerikers mit dem Tod von Konrads Vater Otto in Zusammenhang, der 1534 oder 1535 verstarb. Otto von Tecklenburg hatte sich anscheinend nicht zur Reformation seines Sohnes bekannt und bestand daher vielleicht auf Abhaltung der katholischen Messe oder auf die Sterbesakramente, weshalb ein katholischer Geistlicher nach Tecklenburg beordert werden musste.[38]

Ein konfessioneller Ehestreit im Grafenhaus?

Im Jahr 1560 kam es auf der Tecklenburg zum gewalttätigen Höhepunkt eines bereits einige Jahre andauernden Ehestreits: Graf Everwin von Bentheim-Tecklenburg (1536–1562) ließ seine Gemahlin Anna (1530–1582) gefangen setzen und in den Turm der Burg sperren. Dort musste die Gräfin mehrere Wochen ausharren, bis sie ihr Vetter, Graf Christoph von Oldenburg, aus ihrer Gefangenschaft befreite. Nach diesem Eklat wurde 1560 in Osnabrück ein Vertrag aufgesetzt, der zur Versöhnung des Paares beitragen sollte.

Die Ehe von Everwin von Bentheim mit der Erbtochter Anna von Tecklenburg, des einzigen legitimen Kindes Konrad von Tecklenburgs und Mechthild von Hessens, war keine Liebesheirat, sondern eine für die damalige Zeit typische politische Verbindung, durch die die Grafschaften Bentheim und Tecklenburg herrschaftlich vereinigt werden sollten. Bereits 1549 wurde ein Ehevertrag aufgesetzt, als der zukünftige Ehemann gerade einmal 13 Jahre alt war, seine Braut aber vermutlich bereits 19 Lenze zählte. Dass es sich hier eindeutig um eine Zweckehe handelte, beweist ein Passus des Ehevertrags. In diesem heißt es, dass im Falle des vorzeitigen Ablebens Everwins, Anna die Ehe mit dessen jüngerem Bruder Arnold eingehen sollte. Eine eheliche Verbindung zwischen den Grafenhäusern Bentheim und Tecklenburg war also oberstes Ziel der Vereinbarung. 1553 kam es dann zur Eheschließung zwischen Anna und dem nunmehr 17jährigen Everwin.[39] Doch scheint die Ehe von Anfang an alles andere als glücklich gewesen zu sein, wie auch der Skandal des Jahres 1560 deutlich macht. Doch worin bestanden eigentlich die Gründe für dieses Zerwürfnis des Paares? Immer wieder wird angeführt, es habe sich bei den Ehestreitigkeiten um konfessionelle Differenzen gehandelt.[40] Während Anna dem lutherischen Glauben verbunden war und bleiben wollte, habe Everwin dem Katholizismus zugeneigt und den alten Glauben in Bentheim und Tecklenburg wieder einführen wollen. Aber ist diese Erklärung zutreffend? Schaut man in die wenigen Quellen jener Zeit, die etwas über das Bekenntnis des Grafen Everwin verraten, so ergibt sich ein anderes Bild. Denn Everwin scheint – wie auch seine Frau Anna – dem lutherischen Bekenntnis angehangen zu haben: Bereits 1554 stellte er die für das Seelengedächtnis seines Großvaters fälligen Zahlungen an das Kloster Wietmarschen ein. Diese Maßnahme ist ein eindeutiger Hinweis darauf, dass Everwin hier – Luther folgend – die katholische Lehre von Fegefeuer und der notwendigen Fürbitte für die Verstorbenen ablehnte. Ebenfalls 1554 berief der junge Graf den Prediger Rudolf Kampferbeck, der in Wittenberg studiert hatte und dort von dem Reformator und Weggefährten Luthers Johannes Bugenhagen ordiniert worden war, zum Pfarrer in Veldhausen. Zwischen 1555 und 1557 setzte Everwin auch Hermann Wullen als evangelischen Pfarrer in Schüttorf ein, der zuvor wegen lutherischer Predigten von seiner Stelle als Kaplan in Hamm entfernt worden war. 1559 versuchte Everwin, die Vikarie in Schüttorf, die eigentlich der Familie von Langenhorst unterstand, für seine Zwecke einzuziehen, worüber es zum Prozess kam. 1560 untersagte er dem Chorherrenstift Frenswegen, das nur noch aus sieben Personen bestand, Novizen aufzunehmen. Dadurch sollte der Konvent über kurz oder lang aussterben. Die Schwestern des Augustinerinnenklosters in Schüttorf wies er im selben Jahr an, die Insassen nicht am Austritt zu hindern, wenn sie es wünschten. 1561 wurden die Einkünfte des Klosters in einem Verzeichnis zusammengefasst, was bereits den Plan der Auflösung bzw. Umnutzung erkennen lässt.[41] Everwins lutherische Überzeugung zeigt sich zudem in seinem Grabdenkmal, das sich heute in der reformierten Kirche in Bad Bentheim befindet. Das Epitaph zeigt den Verstorbenen kniend vor dem an das Kreuz geschlagenen Christus. Dieses Bild versinnbildlicht die Lehre Luthers von der Gerechtigkeit Gottes: Gott, der ein persönlicher Gott für jeden ist, vergibt dem Menschen trotz all seiner Sündhaftigkeit; dadurch macht er den Menschen gerecht, d.h. er nimmt ihn trotz Schuld an – so Luther 1520. Der Grund ist Christus, der Gottessohn, der für alle Menschen am Kreuz gestorben ist. Dieser Botschaft soll sich der innerliche Mensch, die Seele, mit „festem Glauben" ergeben. Über der Szene findet sich ein Spruchband mit einem weiteren Bekenntnis zur lutherischen Reformation: SOLI DEO GLORIA – „Allein Gott sei Ehre", darunter die Inschrift NASCENDO MORIMUR – „Geboren, um zu sterben". Die unauflösbare Verbindung von Leben und Tod war ein beliebtes Thema im 16. und im 17. Jahrhundert. In der Umschrift findet sich zudem der Wunsch, dass Gott der Seele des Grafen gnädig sei. Everwin ist also als überzeugter Lutheraner anzusprechen.

Die Behauptung, dass die Streitigkeiten der Eheleute konfessioneller Natur gewesen seien, stammt hingegen aus einem 1560 abgefassten Brief der Tecklenburger Landstände an den Landgrafen Philipp von Hessen. Darin heißt es, dass Everwin mehrere Mätressen habe und das „abgeschaffte Papsttum" wieder in der Grafschaft Tecklenburg einführen wolle.[42] In dieser Phase der Eskalation des bentheim-tecklenburgischen Ehestreits sind diese Behauptungen aber sicherlich als üble Nachrede gegenüber dem Bentheimer zu werten, um den hessischen Landgrafen Partei für Tecklenburg ergreifen zu lassen. Denn die anderen Quellen bezeugen in konfessioneller Hinsicht das genaue Gegenteil.[43]

Der Versöhnungsvertrag von 1560 lässt zudem ganz andere Streitpunkte erkennen. Sowohl Everwin als auch Anna beanspruchten die Herrschaft in der Grafschaft Tecklenburg, worüber es zum Konflikt kam. Ferner warf Anna ihrem Gatten einen verschwenderischen Lebenswandel vor, den sie mit der Anschaffung und Haltung zu vieler und kostspieliger Pferde sowie der Anfertigung teurer Portraits namhaft machte. Von konfessionellen Differenzen ist hingegen nicht die Rede.

Doch die Ehetragödie sollte bereits zwei Jahre später mit dem frühen Tod Everwins 1562 enden. In der Folge übernahm Anna die Regentschaft in den Grafschaften Bentheim und Tecklenburg für ihren unmündigen Sohn Arnold.[44]

Das Epitaph der Gräfin Anna von Bentheim-Tecklenburg

Das Epitaph des Grafen Everwin von Bentheim-Tecklenburg

51

Vom Luthertum zum Calvinismus

Mit der Kirchenordnung von 1543 hatte Konrad von Tecklenburg (1501–1557) offiziell die Reformation in seinem Herrschaftsbereich (Tecklenburg, Lingen, Rheda) eingeführt und sich öffentlich zur lutherischen Lehre bekannt. Bereits sein Beitritt 1538 zum Schmalkaldischen Bund, dem Zusammenschluss der protestantischen Fürsten und Städte, war ein deutlicher Schritt in diese Richtung gewesen. Doch sollte diese Hinwendung zur neuen Lehre schwerwiegende Folgen haben: Als es zwischen dem Fürstenbündnis und Kaiser Karl V. zum Schmalkaldischen Krieg kam und dieser mit einem Sieg Karls endete, musste auch Konrad sich Anfang 1547 einem aus den Niederlanden heranrückenden kaiserlichen Heer ergeben. Bereits 1546 war der Graf vom Kaiser geächtet worden. Die Lösung aus dieser Acht 1548 konnte Konrad nur gegen die Abtretung der Ober- und Niedergrafschaft Lingen an Karl V. erreichen. Damit endete die gemeinsame Regierung Tecklenburgs und Lingens.[45] Immerhin erhielt Konrad die Grafschaft Tecklenburg und Herrschaft Rheda zurück, in denen er fortan das lutherische Bekenntnis weiter behauptete. Im Passauer Vertrag 1552 wurde dann die Ausübung der Lehre Luthers im Reich gestattet, 1555 im Augsburger Religionsfrieden den Protestanten der Besitz der Kirchengüter bestätigt. Konrads Reformationspolitik scheint aber nicht in allen Punkten in Einklang mit der Tecklenburger Ritterschaft gestanden zu haben. So wurde nach Konrads Tod auf dem Landtag in Leeden 1561 die Kirchenordnung von 1543 wieder zurückgenommen und durch die alte Nürnberger Ordnung ersetzt, die schon 1537 in Tecklenburg Anwendung gefunden hatte. Auch Konrads Aufnahmesperre von adeligen Damen in das Stift Leeden, die auf kurz oder lang zum „Aussterben" der Einrichtung geführt hätte, und die Einziehung der Kirchengüter wurden aufgehoben. Denn der Tecklenburger Adel wollte das Stift Leeden wieder als Versorgungs- und Ausbildungsinstitut seiner unverheirateten Töchter nutzen. Dazu musste das Stift aber eine ausreichende wirtschaftliche Ausstattung besitzen.[46] 1561/62 lassen sich dann erste reformierte Tendenzen in Tecklenburg nachweisen, denn mit Hermann Meßmacher wurde damals ein Prediger nach Tecklenburg berufen, der der reformierten Lehre anhing. Dieser entfernte die Bilder und Kerzen am Altar und predigte in reformiertem Sinn. Deshalb wurde er von Gräfin Anna von Tecklenburg (1530–1582), der Tochter und Erbin Konrads, 1565 entlassen. Auch der Westerkappelner Pfarrer, Bernhard Stalvord, der vermutlich 1568 starb, soll zuletzt der reformierten Lehre zugeneigt haben.[47] Dass Anna jedoch bis zu ihrem Tod der lutherischen Lehre anhing, macht auch ihr Testament deutlich. In diesem legte sie 1579 fest, dass in ihrer Grafschaft Tecklenburg die Augsburgische Konfession bleiben solle und ihre Nachfolger durch das Testament „verpflichtet und gebunden" sein sollten, „unsere Landtschaften, Borchmans und Underthanen bei reiner und gesunder Lehr göttlichs Worths, vermöghe und Inhaldt Außpurgischer [!] Confession [...] zu erhalten und verbleiben zu lassen".[48] War Anna von Tecklenburg also noch überzeugte Lutheranerin gewesen, so trat ihr Sohn Arnold von Bentheim-Tecklenburg (1554–1606) persönlich bereits 1574 zum Calvinismus über. Unter ihm waren durch Erbgang (siehe unter Grafschaft Steinfurt) die Grafschaften Bentheim, Tecklenburg (mit Rheda) und Steinfurt herrschaftlich vereint. Seit 1571 studierte Arnold an der reformierten Akademie in Straßburg. Während dieser Zeit kam er auch mit den Lehren Johannes Calvins in Berührung. Zwei Jahre später, 1573, übernahm er dann Arnold die Regierung in Bentheim und Steinfurt. Tecklenburg-

Rheda übergab ihm seine Mutter erst 1580. 1573 heiratete er mit Margarethe von Neuenahr auch eine Frau, die aus einer führenden reformierten Familie stammte. Daher berief Arnold 1574 den calvinistischen Prediger Johann Kemener an seine Residenz in Bentheim. Am zweiten Advent 1575 feierte man dann am Bentheimer Hof erstmals das Abendmahl nach reformiertem Ritus, und am 29. Januar 1576 taufte Kemener den zweiten Sohn des Grafenpaares gemäß reformierter Zeremonie. Kemener wurde zum Hofprediger ernannt und stand in den folgenden Jahren der Bentheimer Hofgemeinde vor.

Zunächst wandte sich allerdings nur die gräfliche Familie dem Calvinismus zu. Die Bevölkerung der Grafschaften Bentheim und Steinfurt blieb weiterhin größtenteils lutherisch. Erst ganz allmählich vollzog Arnold den konfessionellen Wandel in seinen Herrschaftsgebieten. Der entscheidende Anstoß kam allerdings wohl von außen: Im Sommer 1587 waren in die Grafschaften Bentheim und Tecklenburg spanische Soldaten aus den Niederlanden eingefallen. Arnold bat daraufhin den reformierten Grafen Johann VI. von Nassau-Dillenburg (1536–1606), der auch den Ton im reformierten Wetterauer Grafenverein angab, um militärische Hilfe. Diese wurde auch zugesagt. Jedoch war die Zusicherung mit Forderung verbunden, das reformierte Bekenntnis in Bentheim-Tecklenburg-Steinfurt einzuführen.[49] Zu Weihnachten 1587 war es dann soweit: Arnold ließ zunächst in Tecklenburg öffentlich reformierten Gottesdienst feiern, indem er am Tag vor Heiligabend die Tecklenburger Kirche von den Spuren der katholischen und lutherischen Lehre durch die Entfernung der Bilder „reinigen" ließ. Der öffentliche reformierte Gottesdienst in der „gesäuberten" Kirche fand dann am zweiten Weihnachtsfeiertag 1587 statt. 1588 erließ er für alle Landesteile eine Kirchenordnung. 1589 wurde in der Steinfurter Schlosskapelle, 1591 in der Großen Kirche in Burgsteinfurt und schließlich 1592 in Bentheim Gottesdienst nach reformiertem Ritus gefeiert.[50]

Die Hinwendung Arnolds zum Calvinismus scheint aber noch weitere Gründe gehabt zu haben. Zum einen fällt die Einführung der reformierten Kirchenordnung 1588 genau in die Zeit, in der sich in Münster die Jesuiten niederließen und mit der Gegenreformation bzw. Rekatholisierung in Westfalen begannen (s.u.). Möglicherweise sollte durch den Wechsel zum Reformiertentum in den Bentheim-Tecklenburg-Steinfurter Gebieten die Reformation demonstrativ gefestigt werden, waren doch im Luthertum noch zahlreiche katholische Traditionen anzutreffen: liturgische Gewänder und Gottesdienste, Feier von Heiligen- und Marienfesten, Hostien beim Abendmahl, Bilder und Kirchenschmuck, Tauf-Exorzismus, Privatbeichte etc. Durch die Einführung des Calvinismus konnten die Untertanen so im evangelischen Glauben weiter gefestigt werden und sollten den Rekatholisierungstendenzen besser widerstehen können. Arnolds Gründung einer reformierten Hohen Schule nach Herborner und Straßburger Vorbild 1588 zunächst in Schüttorf, die dann aber bald nach Burgsteinfurt verlegt wurde, ist sicherlich ebenfalls eine Reaktion auf gleichartige Aktivitäten der Jesuiten in Münster, die das Gymnasium Paulinum als Jesuitenkolleg übernahmen.[51] Zum anderen geht aus einem Brief des Grafen Arnold aus dem Jahr 1592 hervor, dass er den Konfessionswechsel vom Luthertum zum reformierten Bekenntnis vollzogen habe, um die reformierten Niederlande im Ringen um die Rückgewinnung des 1548 verlorenen Lingens auf seine Seite zu ziehen. Der Bekenntniswechsel zum Reformiertentum hatte also nicht nur innerreligiöse Ursachen, sondern auch religions-, herrschafts- und sicherheitspolitische Motive.[52]

Mit Kanonen
für das Evangelium

Mit der Reformation im Tecklenburger Land veränderte sich auch für die damalige Bevölkerung einiges. Denn die kirchlichen Umgestaltungen wirkten sich natürlich auch auf das Leben der Menschen aus. Durch die gewandelte Glaubenslehre mit der Fokussierung auf die Gnade Gottes, die kein Fegefeuer mehr vorsah, ein verändertes Totengedächtnis mit sich brachte, eine andere Liturgie zeitigte und fromme Werke ablehnte, fielen die Anrufung der Heiligen und somit viele Fest- und Heiligengedenktage weg. Die Tecklenburger Kirchenordnung von 1543 reduzierte die Feiertage von vormals ungefähr 36 (ohne die Sonntage) auf 21. Auffällig ist allerdings, dass vor allem die Marienfeste im Tecklenburger Land zunächst erhalten blieben. Zu Mariä Himmelfahrt wird besonders bemerkt, dass dieser Feiertag nicht deshalb beibehalten werden solle, weil er Grundlage in der Heiligen Schrift hatte, sondern „des gemeinen arbeidenden Werksvolcks wegen". Hier wurden also Zugeständnisse an die Bevölkerung gemacht![53] Mit der Einführung der reformierten Kirchenordnung 1588 verringerten sich die außersonntäglichen Feiertage allerdings nochmals auf nur noch sechs. Zudem wurde neben weiteren Änderungen bereits 1543 das Sakrament der Krankensalbung verboten und den Pfarrern die Eheschließung und Familiengründung gestattet.[54] Auch die althergebrachten Flurprozessionen, bei denen das Bild des jeweiligen Kirchenpatrons oder das heilige Sakrament mitgeführt wurde (Fronleichnam), und weitere Umgänge, die auch mit ganz weltlichen Feierlichkeiten verbunden waren, wurden untersagt. So klagten die katholischen Provisoren der Kirche in Brochterbeck 1553, dass seitdem die „Lutherie" angenommen, also die Reformation eingeführt worden sei, es weder Eicheln für die Schweinemast auf den Bäumen gegeben habe, noch ertragreiche Ernten zu verzeichnen gewesen seien. Diese Missernten führten sie darauf zurück, dass acht Jahre lang (von 1543 bis 1551) keine Flurprozession stattgefunden habe. Brochterbeck war 1548 von Tecklenburg abgetrennt und das katholische Bekenntnis ab 1549 allmählich wieder eingeführt worden.[55] Dass Graf Konrad von Tecklenburg (1501–1557), unter dessen Herrschaft die Reformation im Tecklenburger Land Einzug hielt, auch später noch als Gegner der Prozessionen angesehen wurde, wird auch aus einer Erzählung deutlich, die in den Iburger Klosterannalen aus der zweiten Hälfte des 17. Jahrhunderts verzeichnet ist: Als Graf Konrad zu Fronleichnam 1538 den Osnabrücker Bischof auf Schloss Iburg besucht habe, hielten die Mönche gerade ohne Geläut (also heimlich?) eine Prozession im Umgang des Klosters ab. Konrad sei daraufhin schnell herbeigelaufen, um die heilige Handlung zu unterbinden. Dabei sei er allerdings von der Treppe gestürzt und beinahe in sein Schwert gefallen – aus katholischer Perspektive ein Zeichen, dass Konrads Reformation nicht rechtens war.[56] Der Tecklenburger Reformationsprozess war aber auch, weil sich in ihm religiöse und politische Motive mischten, mit militärischen Auseinandersetzungen verbunden, die die Bevölkerung in Mitleidenschaft zogen. So ist überliefert, dass Graf Konrad die beste Glocke der Kirche in Brochterbeck und weiterer Kirchen beschlagnahmt und daraus Geschütze gießen lassen habe.[57] Diese mit dem Namen Konrads versehenen Kanonen werden noch im Tecklenburger Inventar von 1623/24 auf den Mauern der Tecklenburg genannt. Viele tragen die Devise der Reformation *V(erbum) D(omini) M(anet) I(n) E(ternum)* (Das Wort des Herrn bleibt in Ewigkeit) und den Spruch *Gott füg es zum Besten*. Eine sogenannte Doppel-Kartaune war mit einem sehr martialischen Bekenntnis zur Reformation versehen: „Der Kautze heiß ich, Mönche und Pfaffen haße ich, Conradt Grave deß bin ich. Last Euch nichtt verdriessen. Ich will Euch Thürn und Maurn umbschießen." Mit Kanonen für das Evangelium.[58]

Eine ähnliche Kanone wie die des Grafen Konrad hat sich auf der Burg Bentheim erhalten. Das dortige Lafetten-Geschütz, das Konrads Schwiegersohn Everwin von Bentheim-Tecklenburg 1557 in Auftrag gab, trägt den Spruch:

Rueme dat Velt dat rade ich,
Wen ich spreck so hoet dich
(Räume das Feld, das rate ich;
wenn ich spreche, so hüte dich)

Wie man eine Kirchenordnung einführt

1588 erließ Graf Arnold von Bentheim-Tecklenburg-Steinfurt (1554–1606) eine reformierte Kirchenordnung in seinen Herrschaftsgebieten. Doch wie ging er eigentlich praktisch dabei vor, um sein Vorhaben auch um- und durchsetzen zu können?

Arnold selbst neigte nach seinem Studienaufenthalt in Straßburg, wo er mit den Lehren Johannes Calvins in Berührung kam, dem reformierten Bekenntnis zu. Bereits seit 1574 ließ er in seiner Bentheimer Schlosskapelle für sich und seine Familie den Gottesdienst in reformiertem Ritus feiern und berief dazu auch einen calvinistischen Prädikanten als Hofprediger: Johann Kemener.[59] Der Schritt, auch in seinen Landen das reformierte Bekenntnis einzuführen, erfolgte aber erst über ein Jahrzehnt später. Im Herbst 1587 berief er in Tecklenburg eine Versammlung ein. Dort fanden sich neben den gräflichen Räten auch einige Landadelige ein, die auch der reformierten Lehre zuneigten. Ferner waren die Pastoren von Tecklenburg, Nordhorn und Schüttorf zugegen. Auch diese Pfarrer dürften also bereits dem Reformiertentum nahe gestanden haben.

Der Graf legte der Versammlung die Kirchenordnung seines Schwagers Adolf von Neuenahr († 1589), des Bruders seiner Frau, vor, die dieser bereits 1581 in der Grafschaf Moers erlassen hatte. Die „Vita Arnoldi comitis", die Lebensbeschreibung des Grafen Arnold, berichtet über diese Versammlung: „Darnach ist in Versammlungh wolgemelter Priesteren nechst anruffungh deß nahmen Gottes eine Kirchenordnung, so weilandt Herr Adolff, Graf zu Mörß, Newnahr und Lymburgh durch seine Prediger einstellen laßen und von dem Kirchenraht zu Heidelbergh avisirt und approbirt wardt, vorgelesen und darauf eines jeden Bedencken, suffragium und stimme gefundirt worden. Alß nuhn darein ein einhelligkeit und vergleichungh getroffen, ist obermeltem Hoffpredigere [= Johann Kemener], dieselbe Kirchenordnungh mit lehren und predigen einzuführen und auß Gottes Wortt, was darein verfasset zu beweisen [aufgetragen worden], im gleichen auch mit Gottes wordt zu widerlegen die irre meinung von den Götzen in der Kirchen, Altaren, abergleubigen Fasten, den verstorbenen Heiligen, item von der Noth- oder Gehetauf der Weiber, von beschweren bei der Tauf, von den runden Küchlein im Nachtmahl deß Herrn, so nit Speißbrodt ist und nit gebrochen kann werden, im gleichen von der leiblichen und mündtlicher Niessungh des leibß Christi und von der ubiquitet deßelben und was dieses menschenerdichteten wercks mehr magh gefunden werden."[60] Die Kritikpunkte an der katholischen und an der lutherischen Lehre waren also die immer noch in den Kirchen anzutreffenden Heiligenfiguren, die künstlerisch gestalteten Hochaltäre, die vielfach noch aus dem Mittelalter stammten, die Fastentage, die zahlreichen Heiligenfeiertage, die Nottaufe für ungeborene Kinder bzw. die Vorstellung, dass ungetauft verstorbene Kinder nicht in das Himmelreich eingehen könnten, den Taufbund und die Oblaten, die durch herkömmliches Speisebrot ersetzt werden sollten, das beim Abendmahl gebrochen werden konnte. Zudem wandte man sich gegen die Häufigkeit des Abendmahles. Die Versammlung verständigte sich über diese Punkte. Sicherlich wurde damals beschlossen, eine eigene Kirchenordnung auf der Grundlage der Moerser Ordnung auszuarbeiten. Noch bevor diese fertig war, ließ Arnold am 23. Dezember den Altar in der Kirche in Tecklenburg abbrechen. Am 2. Weihnachtsfeiertag feierte der Graf dann öffentlich den Gottesdienst nach reformiertem Ritus. Doch bis zur offiziellen Einführung des neuen Bekenntnisses dauerte es noch bis zum 2. Oktober 1588. Erst zu diesem Zeitpunkt war die

Kirchenordnung fertiggestellt. An diesem Tag rief Graf Arnold die Burgmänner der Grafschaft Tecklenburg, also die Besitzer der zehn landtagsfähigen Rittergüter, zusammen. Es erschienen aber nur Hermann von Diepenbroick auf Haus Marck, Engelbert Vincke auf Haus Schollbruch, Bernhard von Kerssenbrock auf Haus Velpe, Dietrich Lüninck auf Haus Cappeln und Johann von Münster auf Haus Vortlage. Der Hofprediger hielt eine Predigt aus dem Alten Testament, um bereits die Entfernung der Heiligenbilder und der prunkvollen Ausstattung aus den Kirchen vorzubereiten. Dazu predigte er über die Verse 9 bis 15 im 15. Kapitel des 1. Buches der Könige: „Im zwanzigsten Jahr des Königs Jerobeam über Israel ward Asa König in Juda, und regierte einundvierzig Jahre zu Jerusalem. Seine Mutter hieß Maacha, eine Tochter Abisaloms. Und Asa tat was dem HERRN wohl gefiel, wie sein Vater David, und tat die Hurer aus dem Lande und tat ab alle Götzen, die seine Väter gemacht hatten. Dazu setzte er auch seine Mutter Maacha ab, dass sie nicht mehr Herrin war, weil sie ein Greuelbild gemacht hatte der Ascherah. Und Asa rottete aus ihr Greuelbild und verbrannte es am Bach Kidron. Aber die Höhen taten sie nicht ab. Doch war das Herz Asas rechtschaffen an dem HERRN sein Leben lang. Und das Silber und Gold und Gefäß, das sein Vater geheiligt hatte, und was von ihm selbst geheiligt war, brachte er ein zum Hause des HERRN."

Den erschienenen Burgmännern legte der Graf die Kirchenordnung vor und verkündete seine Absicht, diese in der Grafschaft Tecklenburg einführen zu wollen. Danach wurde die Kirchenordnung genauer vorgestellt und alle Burgmänner einzeln befragt, ob sie insgesamt oder einzelnen Abschnitten Bedenken hätten. Sie sollten sich dazu „frey, öffentlich und rundt [...] ercleren."

Die vorgebrachten Besorgnisse sollten dann vom Hofprediger durch den Nachweis der vorgesehenen kirchlichen

Neuerungen aus der Bibel zerstreut und so der „Mißver-
standt aus dem Hertzen" genommen werden. Keiner der
Burgmänner hatte allerdings etwas anzumerken. Da alle
den Text der Kirchenordnung gelesen hatten, wurde auf
die öffentliche Verlesung verzichtet. Die Burgmänner ga-
ben allerdings zu bedenken, ob es ratsam sei, die Altäre
und den Kirchenschmuck, die bereits seit langer Zeit in
Gebrauch gewesen seien, aus den Kirchen zu entfernen.
Doch auch hier verwies der Hofprediger auf die Heilige
Schrift und räumte die Bedenken aus. Daraufhin unter-
stützten sie den Entschluss des Grafen, das neue Bekenntnis einzuführen. Doch von der förmlichen Einführung der
Kirchenordnung bis zur vollständigen Umsetzung ihres
Inhaltes dauerte es noch gut ein Jahrzehnt. Am 10. Novem-
ber 1588 wurde etwa in der Kirche am Bentheim-
Tecklenburger Witwensitz Gronau der Altar abgebrochen,
1589 erfolgte die Umgestaltung der Schlosskapelle in
Burgsteinfurt, 1590 die Kirche in Veldhausen, 1591 die der
Großen Kirche in Burgsteinfurt und Neuenhaus sowie
1592 die der Bentheimer Kirche. Vollständig an den reformierten Gottesdienst angepasst waren alle Kirchen der
Grafschaften Bentheim, Tecklenburg und Steinfurt erst
1597, wie es in der Lebensbeschreibung des Grafen
heißt.[61]

Titelblatt der Bentheim-Tecklenburger Kirchenordnung
von 1588 (Druck 1619)

Streit um das Geläut

Obwohl wir im Vergleich zu früheren Zeiten derzeit in einer recht lauten und geräuschvollen Umwelt leben, steht das Glockengeläut der Kirchen heute manchmal wegen vermeintlicher Lärmbelästigung in der Kritik. Einige sonntägliche Langschläfer fühlen sich durch den Klang des Geläuts in seiner Ruhe gestört, zumal, wenn sie in unmittelbarer Nähe eines Gotteshauses wohnen. Das bringt von Zeit zu Zeit die Gemüter in Rage. Dass es aber auch schon vor über 400 Jahren im Tecklenburger Land ebenfalls zum Streit um das Läuten der Kirchenglocken kam, ist eine interessante geschichtliche Entdeckung. Allerdings ging es damals weder um Lautstärke noch um Ruhestörung, sondern der Konflikt hatte ganz andere Gründe.

Am 30. Dezember 1601 erließ Graf Arnold von Bentheim-Tecklenburg (1554–1606) ein Mandat, in dem er den für das Glockengeläut zuständigen Küstern bei Verlust ihres Amtes verbot, zu oft zu läuten. Doch was war geschehen, dass der Tecklenburger Graf zum Gegner des häufigen Gebrauchs der Glocken wurde? Bereits 1588 hatte Arnold in seinen Grafschaften Bentheim, Tecklenburg und Steinfurt das reformiert-calvinistische Bekenntnis anstelle des Luthertums eingeführt. Wie auch andere Anhänger des Reformators Johannes Calvin war der Graf der Ansicht, dass die Lehre Martin Luthers noch zu viele altgläubig-katholische Elemente aufwies. Deshalb wurden die Bilder und Leuchter aus den Kirchen entfernt und die Feiertage von vormals 21 auf sechs im Jahr reduziert. Die Veränderungen in Lehre und Lebenswandel wurden in der 1588 erlassenen Kirchenordnung festgeschrieben. Dort wurde auch bestimmt, das tägliche Glockengeläut, insbesondere an Sonn- und Feiertagen sowie bei Begräbnissen, zu beschränken, weil es nicht in der Heiligen Schrift begründet sei. Zu häufiges Läuten der Glocken wurde von den Reformierten als katholischer Ritus angesehen. Insbesondere das Gebets- und Wetterläuten sah der Tecklenburger Graf als abergläubischen und „papistischen" Brauch an. Allerdings musste Arnold feststellen, dass sich die Bevölkerung nicht an die Vorgaben seiner Kirchenordnung hielt, weshalb er sich 13 Jahre später erneut genötigt sah, ein Mandat gleichen Inhalts zu erlassen. Doch warum widersetzte sich die Bevölkerung der gräflichen Anordnung? Besonders das Läuten bei Beerdigungen hatte für die damaligen Menschen eine wichtige Bedeutung. Zum einen forderte der Glockenklang zum Totengedenken und Gebet für den Verstorbenen auf, was für dessen Seelenheil wichtig war. Zum anderen hatte das Geläut die Funktion, den sozialen Rang des Verstorbenen anzuzeigen. Denn je länger geläutet wurde, desto höher war auch die gesellschaftliche Stellung des Toten gewesen. Zudem war das Läuten der Glocken mit volksfrommen Vorstellungen verbunden. Als „Stimme Gottes" (vox dei) sprach man damals dem Geläut der Glocken die Wirkung zu, Unwetter oder andere böse Schadensmächte abwehren zu können. Allerdings scheint das Verbot des Grafen nicht die gewünschte Wirkung erzielt zu haben, denn die Beschränkungen hinsichtlich des Geläuts mussten in einem weiteren Mandat von 1604 noch einmal erneuert werden.[62]

Ein frühes Zeugnis der Reformation

An der Nordwand der Stiftskirche in Leeden befindet sich das Fragment eines steinernen Grabdenkmals (Epitaphs), das ein frühes materielles Zeugnis der Reformation im Tecklenburger Land darstellt. Warum das so ist, sollen die folgenden Ausführungen zeigen.

Bisher war nur bekannt, dass es sich um den Rest des Epitaphs der Elsabein Grothaus zu Kronenburg und Krietenstein handelt. Diese Information geht aus den erhaltenen Teilen der Umschrift des Steins hervor. Dort steht zu lesen:

[...]R ELSABEIN GRO[...] TOCHTER ZVR KRONENBVRG VND KRIETENSTEIN I[...].

Dass die Buchstabenfolge GRO der Umschrift zu GROT-HAUS aufzulösen ist, kann man zum einen aus der Besitzerfolge des Gutes Kronenburg in Lengerich-Wechte, zum andern aus den ebenfalls auf dem Stein erhaltenen zwei Wappen nebst identifizierenden Namenszusätzen erschließen. Das eine Wappen mit dem Namenszug BRAMESCHE zeigt einen Wolkenschnitt, das Bild des anderen Wappens mit dem Namenszug VORDEN ist verwittert. Vermutlich zeigte der Grabstein im verlorenen oberen Teil ebenfalls zwei weitere Wappen. Diese insgesamt vier Wappen symbolisierten ursprünglich die Großeltern und die adelige Herkunft der Verstorbenen. Aufgrund dieses Befundes muss es sich somit bei der Elsabein von Grothaus zur Kronenburg und Krietenstein, für die das Epitaph errichtet worden war, um eine Tochter aus der Ehe zwischen Otto von Grothaus (genannt zwischen 1457 und 1511) und Menseke von Bramsche gehandelt haben. Denn erst durch diese eheliche Verbindung kam das Gut Kronenburg von der Familie von Bramsche in den Besitz der Familie von Grothaus.[63] Die Mutter der Menseke von Bramsche muss den erhaltenen Wappen zufolge eine von Vorden/Vörden gewesen sein.

Doch warum ist das Grabdenkmal ein frühes materielles Zeugnis der Reformation? Diese Frage kann man mit Hilfe der Inschrift in der Mitte des Steins beantworten. Friedrich Ernst Hunsche datierte den Gedenkstein auf das Jahr 1468. Allerdings unterlief ihm dabei ein Fehler, denn er fasste die zu erkennenden römischen Ziffern LXVIII (68) als Jahreszahl auf.[64] Es handelt sich allerdings nicht um eine Datierung, sondern vielmehr um die Angabe eines Psalms, wie auch die beiden Buchstaben „Ps" vor den römischen Ziffern zeigen. Diese Erkenntnis stimmt mit dem erhaltenen Rest der Inschrift überein, die „und den Herrn Herrn der vom Tod errettet" lautet. Hier handelt es sich eindeutig um den Psalm 68: „Wir haben einen Gott, der da hilft, und den HERRN HERRN, der vom Tode errettet.", wie ihn noch die Ausgabe der Lutherbibel von 1912 kennt.

Aufgrund der bisher gemachten Feststellungen ist das Epitaph also grob auf den Zeitraum zwischen 1450 und 1550 zu datieren.[65] Doch kann man das Grabdenkmal vielleicht noch etwas näher zeitlich einordnen? Der Psalm selbst bietet hier einen Ansatzpunkt. Denn er entstammt der Bibelübersetzung Martin Luthers und findet sich in der auf dem Grabdenkmal überlieferten Form erstmals in der Bibelausgabe von 1534.[66] Zuvor hatte Luther im deutschen Psalter aus dem Jahr 1524 noch anders übersetzt, nämlich: „Der Gott ist vns eyn Gott des heyls / vnd eyn HERR HERre dem Tod zu entlauffen."[67] Damit kann das Grabdenkmal erst nach dem Erscheinen der Bibelübersetzung von 1534 entstanden sein.

Nachdem nun die Entstehungszeit des Epitaphs auf die Zeit nach 1534 festgestellt werden konnte, ergibt sich die

Frage, warum sich der Stein in Leeden befindet. Denn die Familie von Grothaus hatte ihr Erbbegräbnis in Lengerich, wie es der Tecklenburger Chronist Gerhard Arnold Rump 1672 berichtet.[68] Es ist also zu vermuten, dass Elsabein von Grothaus im Kloster bzw. Stift Leeden gelebt hat. Dazu passt, dass die Verstorbene auf dem Grabdenkmal als „Tochter zur Kronenburg und Krietenstein" benannt wird, sie also nicht verheiratet gewesen ist, als sie starb. Frauen aus der Familie von Grothaus als Leedener Stiftsdamen sind für das 16. und 17. Jahrhundert belegt (Gertrud von Grothaus, Catharina Margaretha von Grothaus).[69]

Somit ist zusammenzufassen, dass es sich bei dem Steinfragment um den Teil eines Grabdenkmals für Elsabein Grothaus handelt, die Einwohnerin des Klosters und späteren Stifts Leeden war. Sie starb nach 1534. In dieser Zeit wurde das Kloster Leeden im Zuge der Reformation in der Grafschaft Tecklenburg in ein Damenstift umgewandelt (s. Die Reformation des Klosters Leeden). Der Psalm auf dem Epitaph in der deutschen Übersetzung Martin Luthers bestätigt, dass Elsabein Grothaus dem lutherischen Bekenntnis anhing und zwischen 1534 und ca. 1550 verstarb.[70] Damit ist das Fragment des Grabdenkmals aber ein frühes materielles Zeugnis der Reformation in Leeden und im Tecklenburger Land.

Fragment des Epitaphs der Elsabein Grothaus
zu Kronenburg und Krietenstein
(Foto: Friedhelm A. Dölling)

Quellen- und Literaturverzeichnis

Handschriftliche Quellen

Landesarchiv Nordrhein-Westfalen, Abteilung Westfalen, Manuskripte VII, Nr. 2205, 2113.
Sammlung Fot., Nr. 593.
Stift Leeden, Akten, Nr. 1, 13.

Gedruckte Quellen

Biblia / das ist / die gantze Heilige Schrifft Deutsch. Mart. Luth. Wittemberg. Begnadet mit Kurfurstlicher zu Sachsen freiheit. Gedruckt durch Hans Lufft. M.D.XXXIIII. [1534].
Der Psalter deutsch. Martinus Luther, Wittemberg 1524.
Münster zu Vortlage, Johann von, Adelicher Discurs/ Von der Widergeburt vnnd Reformation der Kirchen beeder Testamenten/ biß zum Abfalle, Steinfurt 1613.
Rump, Gerhard Arnold, Des Heil. Röm. Reichs uhralte hochlöbliche Graffschafft Tekelenburg, Bremen 1672.

Editionen

Annales monasterii S. Clementis in Iburg collectore Mauro abbate. Die Iburger Klosterannalen des Abts Maurus Rost, hrsg. v. Carl Stüve, Osnabrück 1895, Nachdruck Osnabrück 1977.
Hamelmann, Hermann, Reformationsgeschichte Westfalens. Mit einer Untersuchung über Hamelmanns Leben

und Werke und einem Bildnisse, hrsg. v. Klemens Löffler, Münster 1913.

Die evangelischen Kirchenordnungen des XVI. Jahrhunderts, Bd. 22: Nordrhein-Westfalen II: Das Erzstift Köln, die Grafschaften Wittgenstein, Moers, Bentheim-Tecklenburg und Rietberg, die Städte Münster, Soest und Neuenrade, die Grafschaft Lippe (Nachtrag), bearb. v. Sabine Arend, Tübingen 2017.

Die Kirchenordnung der Grafschaft Tecklenburg vom 24. August 1543, hrsg. v. Ernst Friedlaender, Münster 1870.

Kühn, Oskar, Die Tecklenburger Kirchenordnung von 1543, in: Jahrbuch des Vereins für Westfälische Kirchengeschichte 59/60 (1966/67), S. 27–48.

Prinz, Joseph, Aus dem Anschreibebuch des Osnabrücker Offizials Reiner Eissinck (1488–1509), in: Osnabrücker Mitteilungen 67 (1956), S. 81–115.

Weichel, Erich, Johannes Pollius. Widmungsbrief und drei Epigramme an den Grafen Konrad, in: Tecklenburger Beiträge I, Ibbenbüren 1988, S. 69–95.

Vita Arnoldi Comitis in Bentheim ab Ao. 1554 ad Ann. 1606. Nach den Handschriften hrsg. v. Karl Georg Döhmann, Burgsteinfurt 1903.

Literatur

Berning, Wilhelm, Das Bistum Osnabrück vor der Reformation (1543), Osnabrück 1940.

Bröker, Josef, Genealogische Forschungen zur Familie von Grothaus unter besonderer Berücksichtigung ihrer Beziehungen zum Gut Grone bei Ibbenbüren, in: Beiträge zur westfälischen Familienforschung 41 (1983), S. 308–325.

Freitag, Werner, Die Reformation in Westfalen. Regionale Vielfalt, Bekenntniskonflikt und Koexistenz, 2. Aufl., Münster 2017.

Goeters, Johann Friedrich Gerhard, Die Reformation in der Grafschaft Bentheim und die Entstehung der reformierten Landeskirche, in: Reformiertes Bekenntnis in der Grafschaft Bentheim. 1588-1988, Bad Bentheim 1988 (= Das Bentheimer Land 114 [1988]), S. 61–111.

Goldschmidt, Bernhard Anton, Geschichte der Grafschaft Lingen und ihres Kirchenwesens insbesondere, Osnabrück 1850.

Große-Dresselhaus, Friedrich, Die Einführung der Reformation in der Grafschaft Tecklenburg, in: Osnabrücker Mitteilungen 41 (1918), S. 1–112.

Heutger, Nicolaus C., Kloster und Stift Leeden. Ein geschichtlicher Überblick, in: Jahrbuch des Vereins für Westfälische Kirchengeschichte 59/60 (1966/67), S. 83–92.

Holsche, August Karl, Historisch-topographisch-statistische Beschreibung der Grafschaft Tecklenburg nebst einigen speciellen Landesverordnungen mit Anmerkungen, als ein Beytrag zur vollständigen Beschreibung Westphalens, Berlin u. Frankfurt/Oder 1788.

Hunsche, Friedrich Ernst, Die bunte Truhe. Schätze aus dem Tecklenburger Land, Ibbenbüren 1968.

Hunsche, Friedrich Ernst, Rittersitze, adelige Häuser, Familien und Vasallen der ehemaligen Grafschaft Tecklenburg, Bd. 1, Tecklenburg 1988, S. 126–132.

Hunsche, Friedrich Ernst, Westerkappeln. Chronik einer alten Gemeinde im nördlichen Westfalen, Westerkappeln 1975.

Klueting, Harm, Die reformierte Konfessions- und Kirchenbildung in den westfälischen Grafschaften des 16. und 17. Jahrhunderts, in: Die reformierte Konfessionalisierung in

Deutschland. Das Problem der „Zweiten Reformation",
hrsg. v. Heinz Schilling, Gütersloh 1986, S. 214–232.

Klueting, Harm, Zur reformierten Konfessionalisierung des
16. Jahrhunderts in Westfalen, in: Kirche und Frömmigkeit in Westfalen. Gedenkschrift für Alois Schröer, hrsg. v.
Reimund Haas u. Reinhard Jüstel, Münster 2002, S. 130–
154.

Marra, Stephanie, Allianzen des Adels. Dynastisches Handeln im Grafenhaus Bentheim im 16. und 17. Jahrhundert,
Köln u.a. 2007.

Neuser, Wilhelm H., Die Spanier „unter meinem Haus Tecklenburg im Dorf Lengerke", in: Jahrbuch für westfälische
Kirchengeschichte 82 (1989), S. 168–185.

Prinz zu Bentheim, Oskar, Anna von Tecklenburg 1532–
1582. Die erste evangelische Regentin in Westfalen, in:
Jahrbuch für westfälische Kirchengeschichte 98 (2003),
S. 77–86.

Richter, Hans, Konrad von Tecklenburg, in: Westfälische
Lebensbilder, Bd. 3, Münster 1934, S. 175–194.

Rohm, Thomas u. Schindling, Anton, Tecklenburg,
Bentheim, Steinfurt, Lingen, in: Die Territorien des Reichs
im Zeitalter der Reformation und Konfessionalisierung,
hrsg. v. Anton Schindling u. Walter Ziegler, Bd. 3: Der
Nordwesten, Münster 1991, S. 187–197.

Rübesam, Rudolf, Konrad von Tecklenburg (1501–1557).
Ein Lebensbild des letzten Tecklenburger Grafen, Münster 1928.

Saatkamp, Marielies, Der Hexenwahn und seine Gegner. Dr.
Weyer (Wier) und die Grafen von Tecklenburg, Tecklenburg 1988.

Schaub, Hermann, Die Herrschaft Rheda und ihre Residenzstadt. Von den Anfängen bis zum Ende des Alten Reiches, Bielefeld 2006.

Schmidt, Georg, Die zweite Reformation in den Reichsgrafschaften. Konfessionswechsel aus Glaubensüberzeugung

und aus politischem Kalkül?, in: Territorialstaat und Calvinismus, hrsg. v. Meinrad Schaab, Stuttgart 1993, S. 97–136.

Schnitzler, Norbert, Ikonoklasmus – Bildersturm. Theologischer Bilderstreit und ikonoklastisches Handeln während des 15. und 16. Jahrhunderts, München 1996.

Schröder, Sebastian, *unndt alle mit einander der Augspürgischen confession zugethaen gewesen.* Erinnerungen und Wahrnehmungen der Reformation im Stift Leeden in einem Zeugenprotokoll von 1630. Mit einem Exkurs: Existierte die vom Chronisten Gerhard Arnold Rump überlieferte Klosterordnung von 1585 tatsächlich?, in: Nordmünsterland. Forschungen und Funde 3 (2016), S. 196–219.

Schröer, Alois, Die Reformation in Westfalen. Der Glaubenskampf einer Landschaft, 2 Bde., Münster 1979/1983.

Spannhoff, Christof, „Reines Evangelium“ und Herrschaftsausbau. Die Einführung der Reformation in der Grafschaft Tecklenburg, in: Beiträge zur Geschichte der Reformation in Westfalen, hrsg. v. Werner Freitag u. Wilfried Reininghaus, Bd. 1: „Langes“ 15. Jahrhundert, Übergänge und Zäsuren, Münster 2017, S. 289–317.

Stüve, Johann Carl Bertram, Geschichte des Hochstifts Osnabrück, Bd. 2: Von 1508 bis 1623, Osnabrück 1872.

Veddeler, Peter, Das Testament der Gräfin Anna von Bentheim vom Jahre 1579, in: Jahrbuch des Heimatvereins der Grafschaft Bentheim e.V. 1981, S. 47–63.

Weiß, Hans Ulrich, Art. Osterberg, in: Westfälisches Klosterbuch. Lexikon der vor 1815 errichteten Stifte und Klöster von ihrer Gründung bis zur Aufhebung, hrsg. v. Karl Hengst, 3 Bde., Münster 1992–2003, Bd. 2, S. 172–175.

Weiß, Hans Ulrich, Kreuzherren in Westfalen, Diest 1963.

Anmerkungen

[1] Christof Spannhoff, „Reines Evangelium" und Herrschaftsausbau. Die Einführung der Reformation in der Grafschaft Tecklenburg, in: Beiträge zur Geschichte der Reformation in Westfalen, hrsg. v. Werner Freitag u. Wilfried Reininghaus, Bd. 1: „Langes" 15. Jahrhundert, Übergänge und Zäsuren, Münster 2017, S. 289–317.

[2] Werner Freitag, Die Reformation in Westfalen. Regionale Vielfalt, Bekenntniskonflikt und Koexistenz, 2. Aufl., Münster 2017.

[3] Ebd., S. 23–56.

[4] Spannhoff, „Reines Evangelium", S. 296–305.

[5] Friedrich Große-Dresselhaus, Die Einführung der Reformation in der Grafschaft Tecklenburg, in: Osnabrücker Mitteilungen 41 (1918), S. 1–112.

[6] Alois Schröer, Die Reformation in Westfalen. Der Glaubenskampf einer Landschaft, 2 Bde., Münster 1979/1983, Bd. 1, S. 186f.

[7] Spannhoff, „Reines Evangelium", S. 316f.

[8] Ebd., S. 296–299.

[9] Rudolf Rübesam, Konrad von Tecklenburg (1501–1557). Ein Lebensbild des letzten Tecklenburger Grafen, Münster 1928; Hans Richter, Konrad von Tecklenburg, in: Westfälische Lebensbilder, Bd. 3, Münster 1934, S. 175–194.

[10] Johann Carl Bertram Stüve, Geschichte des Hochstifts Osnabrück, Bd. 2: Von 1508 bis 1623, Osnabrück 1872, S. 129-131.

[11] Zu Pollius vgl. Große-Dresselhaus, Einführung, S. 32–50.

[12] Zu Keller vgl. Spannhoff, „Reines Evangelium", S. 297 u. 309.

[13] Joseph Prinz, Aus dem Anschreibebuch des Osnabrücker Offizials Reiner Eissinck (1488–1509), in: Osnabrücker Mitteilungen 67 (1956), S. 81–115, S. 106.

[14] Hermann Hamelmann, Reformationsgeschichte Westfalens. Mit einer Untersuchung über Hamelmanns Leben und Werke und einem Bildnisse, hrsg. v. Klemens Löffler, Münster 1913, S. 295.

[15] Johann von Münster zu Vortlage, Adelicher Discurs/ Von der Widergeburt vnnd Reformation der Kirchen beeder Testamenten/ biß zum Abfalle, Steinfurt 1613, S. 249.

[16] Zu Pollius vgl. Große-Dresselhaus, Einführung, S. 32–50.

[17] Spannhoff, „Reines Evangelium", S. 300–304.

[18] Friedrich Ernst Hunsche, Westerkappeln. Chronik einer alten Gemeinde im nördlichen Westfalen, Westerkappeln 1975, S. 80.

[19] Spannhoff, „Reines Evangelium", S. 303f.

[20] Norbert Schnitzler, Ikonoklasmus – Bildersturm. Theologischer Bilderstreit und ikonoklastisches Handeln während des 15. und 16. Jahrhunderts, München 1996, S. 254–269 (zu Lengerich S. 266).

[21] Spannhoff, „Reines Evangelium", S. 304.

[22] Erich Weichel, Johannes Pollius. Widmungsbrief und drei Epigramme an den Grafen Konrad, in: Tecklenburger Beiträge I, Ibbenbüren 1988, S. 69–95, hier S. 92f. (mit deutscher Übersetzung S. 93f.). Siehe auch: Hamelmann, Reformationsgeschichte, S. 294, Anm. 2.

[23] Große-Dresselhaus, Einführung, S. 68f.

[24] Nicolaus C. Heutger, Kloster und Stift Leeden. Ein geschichtlicher Überblick, in: Jahrbuch des Vereins für Westfälische Kirchengeschichte 59/60 (1966/67), S. 83–92.

[25] Sebastian Schröder, *unndt alle mit einander der Augspürgischen confession zugethaen gewesen*. Erinnerungen und Wahrnehmungen der Reformation im Stift Leeden in einem Zeugenprotokoll von 1630. Mit einem Exkurs: Existierte die vom Chronisten Gerhard Arnold Rump überlieferte Klosterordnung von 1585 tatsächlich?, in: Nordmünsterland. Forschungen und Funde 3 (2016), S. 196–219.

[26] Spannhoff, „Reines Evangelium", S. 310.

[27] Große-Dresselhaus, Einführung, S. 64–68; Hans Ulrich Weiß, Kreuzherren in Westfalen, Diest 1963, S. 82–84; Ders., Art. Osterberg, in: Westfälisches Klosterbuch. Lexikon der vor 1815 errichteten Stifte und Klöster von ihrer Gründung bis zur Aufhebung, hrsg. v. Karl Hengst, 3 Bde., Münster 1992–2003, Bd. 2, S. 172–175.

[28] Große-Dresselhaus, Einführung, S. 57f.

[29] Große-Dresselhaus, Einführung, S. 56f.; Wilhelm Berning, Das Bistum Osnabrück vor der Reformation (1543), Osnabrück 1940, S. 66f. u. 165–167. Zu Johann Grest auch Prinz, Anschreibebuch, S. 93f.

[30] Große-Dresselhaus, Einführung, S. 58f.; differenzierter und korrigierend Berning, Bistum, S. 165–167.

[31] Prinz, Anschreibebuch, S. 106.

[32] Spannhoff, „Reines Evangelium", S. 314–316.

[33] Landesarchiv Nordrhein-Westfalen, Abteilung Westfalen, Manuskripte VII, Nr. 2205; Die Kirchenordnung der Grafschaft Tecklenburg vom 24. August 1543, hrsg. v. Ernst Friedlaender, Münster 1870.

[34] Oskar Kühn, Die Tecklenburger Kirchenordnung von 1543, in: Jahrbuch des Vereins für Westfälische Kirchengeschichte 59/60 (1966/67), S. 27–48.

[35] Die evangelischen Kirchenordnungen des XVI. Jahrhunderts, Bd. 22: Nordrhein-Westfalen II: Das Erzstift Köln, die Grafschaften Wittgenstein, Moers, Bentheim-Tecklenburg und Rietberg, die Städte Münster, Soest und Neuenrade, die Grafschaft Lippe (Nachtrag), bearb. v. Sabine Arend, Tübingen 2017, S. 219–317.

[36] Prinz Anschreibebuch, S. 83, Anm. 5, S. 106f. u. S. 114f.

[37] Berning, Bistum, S. 239f.

[38] Hermann Schaub, Die Herrschaft Rheda und ihre Residenzstadt. Von den Anfängen bis zum Ende des Alten Reiches, Bielefeld 2006, S. 72f.

[39] Stephanie Marra, Allianzen des Adels. Dynastisches Handeln im Grafenhaus Bentheim im 16. und 17. Jahrhundert, Köln u.a. 2007, S. 106f.; Schaub, Herrschaft Rheda, S. 76.

[40] Friedrich Ernst Hunsche, Die bunte Truhe. Schätze aus dem Tecklenburger Land, Ibbenbüren 1968, S. 24; Marielies Saatkamp, Der Hexenwahn und seine Gegner. Dr. Weyer (Wier) und die Grafen von Tecklenburg, Tecklenburg 1988, S. 60; Marra, Allianzen, S. 114f.

[41] Johann Friedrich Gerhard Goeters, Die Reformation in der Grafschaft Bentheim und die Entstehung der reformierten Landeskirche, in: Reformiertes Bekenntnis in der Grafschaft Bentheim. 1588-1988, Bad Bentheim 1988 (= Das Bentheimer Land 114 [1988]), S. 61–111, hier S. 95–100.

[42] Landesarchiv Nordrhein-Westfalen, Abteilung Westfalen, Manuskripte VII, Nr. 2113.

[43] Auch Schaub, Herrschaft Rheda, S. 76; Oskar Prinz zu Bentheim, Anna von Tecklenburg 1532–1582. Die erste evangelische Regentin in Westfalen, in: Jahrbuch für westfälische Kirchengeschichte 98 (2003), S. 77–86, hier S. 80 erwähnen die angebliche Hinwendung Everwins zum Katholizismus nicht.

[44] Schaub, Herrschaft Rheda, S. 76; Bentheim, Anna von Tecklenburg, S. 80.

[45] Thomas Rohm u. Anton Schindling, Tecklenburg, Bentheim, Steinfurt, Lingen, in: Die Territorien des Reichs im Zeitalter der Reformation und Konfessionalisierung, hrsg. v. Anton Schindling u. Walter Ziegler, Bd. 3: Der Nordwesten, Münster 1991, S. 187–197.

[46] August Karl Holsche, Historisch-topographisch-statistische Beschreibung der Grafschaft Tecklenburg nebst einigen speciellen Landesverordnungen mit Anmerkungen, als ein Beytrag zur vollständigen Beschreibung Westphalens, Berlin u. Frankfurt/ Oder 1788, S. 155f.; Große-Dresselhaus, Einführung, S. 52.

[47] Hamelmann, Reformationsgeschichte, S. 296.

[48] Peter Veddeler, Das Testament der Gräfin Anna von Bentheim vom Jahre 1579, in: Jahrbuch des Heimatvereins der Grafschaft Bentheim e.V. 1981, S. 47–63 (Zitat S. 59); Bentheim, Anna von Tecklenburg, S. 77–86.

[49] Wilhelm H. Neuser, Die Spanier „unter meinem Haus Tecklenburg im Dorf Lengerke", in: Jahrbuch für westfälische Kirchengeschichte 82 (1989), S. 168–185.

[50] Goeters, Reformation, S. 101–111.

[51] Harm Klueting, Die reformierte Konfessions- und Kirchenbildung in den westfälischen Grafschaften des 16. und 17. Jahrhunderts, in: Die reformierte Konfessionalisierung in Deutschland. Das Problem der „Zweiten Reformation", hrsg. v. Heinz Schilling, Gütersloh 1986, S. 214–232; Ders., Zur reformierten Konfessionalisierung des 16. Jahrhunderts in Westfalen, in: Kirche und Frömmigkeit in Westfalen. Gedenkschrift für Alois Schröer, hrsg. v. Reimund Haas u. Reinhard Jüstel, Münster 2002, S. 130–154, hier S. 147–153.

[52] Georg Schmidt, Die zweite Reformation in den Reichsgrafschaften. Konfessionswechsel aus Glaubensüberzeugung und aus politischem Kalkül?, in: Territorialstaat und Calvinismus, hrsg. v. Meinrad Schaab, Stuttgart 1993, S. 97–136, hier S. 130–132.

[53] Die evangelischen Kirchenordnungen, S. 222–225.

[54] Ebd., S. 229–233.

[55] Bernhard Anton Goldschmidt, Geschichte der Grafschaft Lingen und ihres Kirchenwesens insbesondere, Osnabrück 1850, S. 39.

[56] Annales monasterii S. Clementis in Iburg collectore Mauro abbate. Die Iburger Klosterannalen des Abts Maurus Rost, hrsg. v. Carl Stüve, Osnabrück 1895, Nachdruck Osnabrück 1977, S. 73.

[57] Goldschmidt, Lingen, S. 38.

[58] Landesarchiv Nordrhein-Westfalen, Abteilung Westfalen, Sammlung Fot., Nr. 593: Inventar des Nachlasses des Grafen Adolf von Tecklenburg von 1623. Das Original befindet sich im Fürstlich Solms-Braunfelsisches Archiv Braunfels, A 47/18.

[59] Die evangelischen Kirchenordnungen, S. 227f.

[60] Vita Arnoldi Comitis in Bentheim ab Ao. 1554 ad Ann. 1606. Nach den Handschriften hrsg. v. Karl Georg Döhmann, Burgsteinfurt 1903, S. 24.

[61] Goeters, Reformation, S. 101–111.

[62] Die evangelischen Kirchenordnungen, S. 233, S. 302f.

[63] Josef Bröker, Genealogische Forschungen zur Familie von Grothaus unter besonderer Berücksichtigung ihrer Beziehungen zum Gut Grone bei lbbenbüren, in: Beiträge zur westfälischen Familienforschung 41 (1983), S. 308–325, hier S. 315f. u. 324f. (Stammtafel); Friedrich Ernst Hunsche, Rittersitze, adelige Häuser, Familien und Vasallen der ehemaligen Grafschaft Tecklenburg, Bd. 1, Tecklenburg 1988, S. 126–132.

[64] Hunsche, Rittersitze, S. 130, Anm. 4.

[65] Diese Datierung errechnet sich aus den urkundlichen Nennungen des Vaters zwischen 1452 und 1511, der Geschwister und der Neffen und Nichten. Vgl. Bröker, Forschungen, S. 324f. (Stammtafel).

[66] Biblia / das ist / die gantze Heilige Schrifft Deutsch. Mart. Luth. Wittemberg. Begnadet mit Kurfurstlicher zu Sachsen freiheit. Gedruckt durch Hans Lufft. M.D.XXXIIII. [1534], [S. 758].

[67] Der Psalter deutsch. Martinus Luther, Wittemberg 1524.

[68] Gerhard Arnold Rump, Des Heil. Röm. Reichs uhralte hochlöbliche Graffschafft Tekelenburg, Bremen 1672, S. 49.

[69] Schröder, *Augspürgischen confession*, S. 196–219. Zudem findet sich noch eine *Elsabe Grotthus*, Tochter zur *Cronenburg*, die 1624 aus Leeden vertrieben und bis 1630 das Stift nicht wieder betreten durfte. Landesarchiv Nordrhein-Westfalen, Abteilung Westfalen, Stift Leeden, Akten, Nr. 1. Hier wird auch eine *Catrina Margret Grotthus*, Tochter zur Nette, genannt, die als einzige der Stiftsdamen der augsburgischen Konfession folge. Weitere Grothaus-Damen im Stift Leeden sind etwa im 18. Jahrhundert die Seniorin Maria Otilia Dorothea von Grothaus (1713) oder Wilhelmina von Grothaus (1775). Landesarchiv Nordrhein-Westfalen, Abteilung-Westfalen, Stift Leeden, Akten, Nr. 13. Die weitergehenden Hinweise verdanke ich Herrn Sebastian Schröder M.A.

[70] Dieser Zeitraum lässt sich wiederum aus den Nennungen der Geschwister sowie Neffen und Nichten erschließen. Vgl. Bröker, Forschungen, S. 324f. (Stammtafel).